恐怖箱

# 青森乃怪《あおもりのかい》

高田公太 著

竹書房文庫

※本書に登場する人物名は、様々な事情を考慮してすべて仮名にしてあります。また、作中に登場する体験者の記憶と体験当時の世相を鑑み、極力当時の様相を再現するよう心がけています。現代においては若干耳慣れない言葉・表記が登場する場合がありますが、これらは差別・侮蔑を意図する考えに基づくものではありません。

# まえがき

起きる。帰宅したら、眠る。人と話す。他人が考えることを分かっているような、分かっていないような気がする。新聞を読んで、世の中では色々なことが起きていると知る。時々楽しく、時々悲しい。いつか死ぬ。

物を知る程に、世界は広くもなり狭くもなり、身体の疲れがどうにも取れなくなった頃には、できることしかできない。

小さい頃の夢は叶いましたか。今のあなたの姿は望み通りですか。

本書はあなたと私のために書いた。前述した類の達観（のつもり）や現実（と思っていること）が如何に脆弱で曖昧なものかは、本書を読み終えると分かる。

収載された話は全て私の取材に基づいている。

もう大人のフリは止めよう。昔は分かっていたじゃないか。

あなたは次のページの目次でも眺めて、あの頃に戻る準備をするべきだ。

ようこそようこそ。やあやあ。よぐ来だの。

# 目次

6

# まっちゃあ

ミヤマさん夫婦。

青森県平川市の山の中。

知る人ぞ知る山菜採りの名スポットと知人から教えられた場所だった。

だが、いざ探してみるとキノコも山菜も、ただの一つも見つからないうえに、そこかしこに山菜目当てと思わしき人々の姿がある。

期待していた展開と真逆だ。

面白くない。

車に戻り、道の駅で買い物でもして帰ろうと二人は相談した。

そして、下山の途中のこと。

「すみませーん。ちょっとこっちさ、来てもらえねがぁ」

呼び声に足を止めると、横の林から誰にともなく大声を出す、上下スウェット姿の若い男がいた。

何だか怪しい。

が、怪しいなりにもこれだけたくさんの人がいれば、誰か相手をするだろう。

「ちょっとこっちさ。ちょっとこっちさぁ」

夫婦は聞こえないふりをして、帰りを急いだ。

「誰が頼むじゃあ。わぁ《俺》、そこで死んじゅうんだねぇ《死んでいるんだよ》。死んでまっちゅうのさぁ《死んでしまっているんだよお》」

こうなると怪しさは消える。

〈怪しい〉とは方向性がまるで違う。

この若者は完璧に頭がおかしい。

「待ってって。待ってさぁ」

あろうことか、男はこちらに駆け寄ってきた。

幾ら年の功があるとは言え、会話もままならなそうな相手は御免だ。

年金暮らしの夫婦は、山道を狂人から走って逃げるほどの健脚を持ち合わせていない。

男は夫婦の目の前に立ち塞がり、

「ほらぁ。死んでまっちゅうって《死んでしまっているだろ》」

と言いながら、自分の顎に両手を添え、持ち上げた。

男の首がぐぐぐと倍近く伸びる。

「げぇ」

とげっぷのような音が男の口から漏れると、異常に長い舌がだらりと垂れた。

飛び出そうなほど目を剥くと、なるほどそれは死に顔そのものだ。

前言撤回する。

夫婦には山道を走って車まで戻るほどの健脚が、まだあった。

家に帰ってから電話を掛けまくり、家族と親戚中に山であったことを話したが、誰にも信じてもらえなかったそうだ。

# 山

見せたいものがある、と言われて、塚本は学生時代からの友人、川辺のアパートに招かれた。

「どした？」

「まあまあ、時が来れば見せらぁね」

川辺のアパートは旧碇ケ関村から隣県に通じる旧国道の途中にあった。

低賃金の工場で働く川辺が言うには、「家賃が安ければどこでも」と決めた住まいなのだそうだ。アパート用駐車場と銘打たれた敷地は未舗装の野原だった。土地柄を考えれば山沿いの空き地のどこもかしこも駐車可能であろう。

一言で表現するなら、そこはド田舎と言えた。

夕方訪れ、世間話を続けているうちに、すっかり外は暗くなった。

なかなかアルコールの類が振る舞われないため、今の所もう一つ盛り上がりに欠ける友人宅来訪だ。

「おお、始まった。見へ《見ろ》。見へ《見ろ》。そど《外》だ。そど」

川辺が待ってましたと立ち上がり、ベランダに通じる窓を開けた。

外は殆ど真っ暗闇で、いかにも山間《やまあい》の景色。木々のシルエットだけが月明かりに照らされてぼんやりと見えていた。

塚本は川辺と一緒にベランダに出て、何が起きるのか、又は既に何かが始まっているのかを確認すべく、友人と目線を合わせて間近にある山肌をじっと見つめた。

「ん？　何《なん》が動いだが？」

山の陰影が乱れた。

木の間を縫うように、山の中を何かが動いている。

そして、一つその乱れに気が付くと、次々と動くものがいることが分かった。

「猪が？　猿が？」

目を凝らすうちに暗がりに慣れる
動いているものは人間ほどの大きさだ。

だが、依然としてはっきりは見えない。

「猟師、こったら《こんな》夜にでも山さいるもんだが？」

「おめ、何言っちゃあんずよ《何を言ってるんだよ》……」

「いや、でも人っぽいけんどさ」

「あったに光っちゅうんだはんで《あんなに光っているんだから》、あれっきゃ山の神様だべや」

あんなに光ってる。

と言われても、どこで何が光っているのか。

もしかして空を見ているのか。いや、川辺の目線は下界を向いている。

塚本は広範囲を見渡して光る何かを見つけようと躍起になった。

もぞもぞと山肌を蠢《うごめ》く何かは、風とともに木々を揺らし、きっかけも分からないまま、

また風とともに一斉に動きを止めた。

「神様だぃ。すげえべや」

と川辺は満足そうに言った。

# 川

保育園からの帰り道、橋の上で親子は立ち止まった。

川面に水鳥が浮かんでいるのが見える。

「鴨だな。可愛いべ」

「うん。鴨の親子だね。大きいのがパパで、小さいのがあたし」

魚はいるかな、と娘が柵《さく》に手を掛けて川を凝視する。

「いるかもね」

と、父も同じく橋の下を見つめる。

ざぶん、と音がして手を開いた二本の腕が川面から飛び出た。

「パパっ！」

「誰が潜っちゃあのが《誰か潜っていたのか》。うわあ、あった汚い《あんなに汚い》水さ、よぐもまあ」

とまで言ってみたが、よくよく考えるとこの川は大雨でも降らない限り、足を入れたところで脹ら脛にすら至らないほど浅い。

また、ざぶんと音を立て、腕は沈んだ。

思った通り沈んだ場所は川底の砂利がくっきりと見えるほど、浅かった。

その昔、大洪水で多くのホームレスが亡くなったと伝えられる、弘前市寺沢川でのことだ。

14

# 海

従兄弟達と海へ行く準備をしていると、祖母が怒り出した。

「おめんど《お前達》！　こったもん《こんな物》使うな！」

こったもん、と言って祖母が差すのはシュノーケルだった。

「去年、これ付けで海さ潜って死んだのいるんだぁ！　これだっきゃ《これは》、下手してガッパど《思い切り》水飲んでまれば《しまえば》もう、まいねはんでな《ダメなんだからな》！」

身内の若者達を案ずる祖母の気持ちはよく分かるが、潜水を楽しみにしているこちらからしたら、興醒めこの上ない。

分かった分かったと祖母を宥めてから、一同は海へ向かった。

祖母に見つからないように潜水グッズはリュックに入れてある。

「さて」

とゴーグルとシュノーケルを装着する。

祖母を嫌っている訳ではないので、罪悪感もあるにはある。

そして、浅瀬に足を入れると、まだ潜ってもいないのに息ができない。

（……！）
急いでシュノーケルを外し、呼吸を取り戻す。
どうも何かがシュノーケルの管に詰まっているようだ。
息を大きく吸い込んでからもう一度シュノーケルを咥え、思い切り吹いた。
ずるっと音がして、吸気口からヒルのような質感の黒い塊が身を覗かせた。
「うわぁ！」
ヒルの先端には人間のそれを思わせるような目玉が一つあった。
ヒルをシュノーケルごと海に向かってぶん投げた。

青森湾沿いの、とある海水浴場にて。

16

# 春

同じ小学校に通う五年生の男子が、春休み中に車の事故で亡くなったことを、母から聞いた。

名前を教えられても、高学年との交流が浅いため、ピンと来ない。

新学期が始まると死亡事故にちなんだ幽霊騒ぎがあった。

学校内に亡くなった子のお化けが出るとか、出ないとか。

ただ、どのように出るとも、どこで出るとも詳しく語られることはなかった。

出るとか、出ないとか。

噂は、しばらくすると消えた。


それから二年後、仲良くなった近所の中学生から小学校の卒業アルバムを見せてもらう機会があった。

卒業生の全体写真の右上に、別枠で写っている少年が事故で亡くなった子だという。

ああ、思い出したじゃ。

この顔、知ってるべな。
そうか、この子だったんずな《のか》。
生前、この子とは学校の廊下で何度もすれ違ってるべな。
何なら、死んでからもさぁ。
何なら、昨日もさぁ……。

18

# 夏

女性の方。仮名は悠子さん。


調子が悪くなったのは青森から上京して二年が経ってからだった。

原因は大学でのストレス。

一人も友達ができず、学業に面白みも感じられない二年だった。

肌荒れはどんどん酷くなり、気持ちは塞ぎ込む。

関節が痛いのはろくに御飯を食べていないせいだろう。

栄養のことなど考えられない。

不定期な生理が生き地獄のように辛い。

やる気はまったくないが、学費を払い仕送りまでしてくれる両親のため、大学には通い続けるつもりでいた。

あと二年以上この塩梅《あんばい》を味わわねばならないことを思うと、耐えられる気がまったくしないのだが。

アパートの部屋で、カーペットの上に横たわり、じっとしていたときのことだった。
瞬きの間に、顔の横に灰色の靴下を履いた二本の足が現れた。
一応、
「どなたですか？」
と口にしてみた。
本当は誰でもいいし、何がどうなってもいい。
夢か現実かすらも、どうでもいい。
「何の用、ですか」
私を殺しに来たのですか。
それならば是非どうぞ。
脳裏にはそんな言葉も浮かんでいた。
別段動きのない足をただ見つめて、じっとする。
顔を上げて、足より上を確認する気にはなれない。
怖い訳ではない。
とにかく面倒臭いのだ。

もういいや、と瞼を閉じると、悠子さんはそのまま寝てしまった。


目覚めると、まだ足があった。

睡眠を取った後はほんの少しだけ元気になる。

顔を上げて足の主を確認した。

灰色の靴下に白のミニスカート、筆記体で書かれた英語がプリントされた緑色のトレーナーを着た女性だった。

歳は中学生くらい。

てっきり自分を見下ろしているのかと思っていたが、視線はまっすぐ前に向いており、その方向には窓しかない。

時計を見るともうすぐ朝の四時になるところで、外はまだ暗かった。

少女は部屋の中心に立つ以外、特に何をする訳でもないようだ。

無気力な女と立つだけの少女二人きりで、何が始まるというのか。

明日頭の病院に行こう。

おかしくなっちゃった。

栄養が足りないです。

お薬を出します。即効性はありませんが、諦めずに飲み続けてください。

はい。分かりました。


虚ろなまま、大学へ行った。出席は足りている。どころか無欠席だ。

だが、講義の内容がまったく頭に入らない。

留年するかもしれない。留年が決定したとき、自分はどうなるのだろうか。

悠子さんはアパートに戻り、また床に寝転がった。

今、少女はいない。薬のおかげなのか、それとも幻覚なんぞそうそう見るものでもないのか。

心のどこかで、またあの少女が現れないかと期待している自分に気付く。

ああやって、はっきりと変なものを目にすると、自分の居場所が分かる気がする。

学校に馴染めなくて当たり前なのだ。

だって、私は変なものを見るような、おかしい人間なんだから。

自分が狂っている証明があの少女だ。

狂っていると分かれば、自分の立っている場所がはっきりする。

私はみんなと違う。
心の底からそう自覚したい。
毎日でもあの少女に会いたい。
あの少女のいる世界に行ったまま、もう帰りたくない。
半身だけどこかに行くんじゃダメ。
全身でどこかに行ってしまいたいの。

もしもし、悠子が？　元気にしてらが？
元気だよ。
んだが、へば《じゃあ》いいんだけどな。東京はあっつ《暑》ぐ《く》ないが？
んん。あっつい。だばって《だけど》、大丈夫だ。
んだが。今年は青森さ帰ってこられるんだが？
ううん。忙しいがら無理がも。

目覚ましが鳴った。
一際、身体が怠い。

着替えて、昼の授業に行かなくては。

ああ。

身体が動かない。

何もしたくない。

死にたい。

いや、死にたくない。


震える手で、枕元の携帯を掴み、救急車を呼んだ。


家族には連絡しないでください。

はい。大丈夫ですよ。

お母さんとお父さんを悲しませたくないんです。

はい。分かりました。身体を起こせますか。担架に自分で乗れますか。

本当にすみません。こんな……迷惑を掛けるような人になりたい訳じゃなかったんです。

大丈夫です。大丈夫ですよ。

注射の針がチクリと刺さる。

暖かい病室のベッドは、まるで何もしなくていい免罪符のようだ。

眠り、目を覚ますと傍には母。


大丈夫だが。

……。

おめ。休みへ《休め》。

……。

あの部屋、まいねな《良くないな》。悪いもんがいるな。

……え。

おめ、連れてきちゃあな。

……あの、女の子?

んだね。さっき、婆ちゃんさ電話したはんで《から》、まあ大丈夫だべ。婆ちゃんも心配するなってらはんで《言ってたから》。


昔から悠子さんの祖母は実家で占い師のようなことをしていた。

尤《もっと》も、占い師という割には何をする訳でもなく、ただ近所の人たちの人生相談をしたり、悩みを聞くばかりなのだが。


あんたも、お母さんもさ。婆ちゃんさ似たんだね。だはんで《だから》、ああいうのを連れてきてまるんだ《しまうんだ》。だはんで《だから》、まあ、その……気にするな。婆ちゃんとば《を》見へんが《見てみなさい》、元気だべ？

おめもああやって元気になるんだはんで《なるから》。気にするな。いいが？

生ぎろ。

もっと、世の中とばかるーぐ《軽く》考えろ。

生ぎでれば、全部収まるんだね。

とりあえず、婆ちゃんとお母さんさ任せておげばいいはんで《から》。

おめ、明日には退院だ。

青森さ、帰って休むべ。

それでいいはんで《から》。

帰ってきて、美味いもの食え。

いいが。

生ぎろ。

悠子さんの話はここで終わる。

その後の人生でもいろいろとあったのだが、その話はまたの機会に。

「見えるのがおかしいのかなと思ってたら、私にとって見えるのが普通なんだぁって気が付いたんです。ぱあっと目の前が開けて。これが私だ、って感じさなったんです。何ていうか。まあ、その」

――だはんで、まあいいがぁ。

「……って感じです」

# 秋

先日弘前市内での移動中、タクシーの運転手さんと他愛のない世間話をしていると、こんな話を聞くことができた。


貝塚さんの家は、代々りんご農家を営んでいる。

昔は春夏秋冬の寒暖がしっかりしていたため、味にも収穫量にも自信があったのだが、ここ最近では季節の蓋を開けてみるまで、正直何とも言えないとのこと。

「まあ、それはそれでしょうがねえけんど。秋口の台風だけは昔っから天敵だね。あれは、ほんとこっちの事情なんかお構いなしだから厄介だ」

台風予報があると、農家は対策に追われる。

「カミ《東京方面》から近付いてるぞ、何て頃にはこっちももう降ってるからね。ネット張るにしても、支柱を立てるにしても、手が悴《かじか》むし、びしょ濡れになるしで、大変だよ」

今でも大変だが、小さい頃は手伝いが本当に嫌だったそうだ。

「小学生の頃一度ね。台風来るから学校休んで手伝え、って言われてね」

学校が楽しかった貝塚さんは、腹立たしい気持ちを抱え、幼木を守るための支柱運びを手伝った。

風は強く、小雨も混じっていたが、例年騒ぐほどの台風に見舞われていなかったため、はなから徒労感があった。

こったもん、いらねべ。

面倒くせぇ。

猫車に運べる分だけの支柱を積んで押している最中に、猛烈に手伝いから逃げ出したい衝動に襲われた。

恐らく自分一人が抜けたくらいで、何が困るということもないだろう。

子供の手がないとダメな訳ないべ。

みんな大げさだ。

辺りを見渡し、誰もいないことを確認すると、貝塚さんは猫車をどんと投げるように横倒し、りんご畑の中を学校に向かって走った。

子供なりに、授業に参加してしまえばなあで何とかなるだろうと踏んでいた。

じっとりと濡れながら、りんご畑を駆け抜ける。

と、むんずと肩を掴まれ、

「馬鹿っけこの！」

と大声で怒鳴られた。

捕まった。

観念して、振り返る。

一本のりんごの木から腕が生えており、貝塚さんの肩を掴んでいた。

つるっとした白い腕だったが、いかにもしなやかな筋肉を持っていそうな、もっちりした肉質だった。

「うわあ」

と尻餅をついたときには腕は消えていたそうだ。

30

# 冬

そのスキー場にはジャンプ台があり、スキーの大会も行われている。

大会のない日、練習中のスキーヤー達が次々とジャンプしていく。

ザッと飛び、着地。

ザッと飛び、着地。

これが通常であるのだが、ある日。

ザッと飛んだまま、空中で消える、ということがあったそうだ。

ジャンプ台周りの来場客は騒然とし、しばらく誰もジャンプしようとしなかったという。

# 青森乃小怪 六編

## 一、

夫婦で知人の火葬を見届けた後のことだ。

セレモニーホールの駐車場に駐めた車に乗り込もうとすると、

「ちょっとおらもいいべが……」

と声がして、まだ二人が乗る前にも拘わらず、軽自動車がぐぐっと沈んだ。

亡くなった知人の声には似ても似つかない、老女の声だった。

## 二、

弘前駅の近くにある二十四時間営業のファストフード店でバイトをしていた頃のこと。

帰宅途中、道すがらの電柱の傍に佇む老婆を何度も見かけた。

老婆は背格好こそ同じだが、見るたびに顔が違っていた。

複数の老婆がいるのだろう、で話が済めばいいのだが、電柱の横を通り過ぎてから振り返ると、どの顔にせよ老婆の姿がないというのだからややこしい。

## 三、

学生の頃、ビリヤードにハマっていた。

その晩は、友人と青森県内の某ビリヤード場でプレイしていた。

小さなビリヤード場の平日深夜ということもあり、二人の他は店内を出たり入ったりするバイトの店員が一人いるだけだった。

友人がトイレに消えると、
カーン。

ゴロゴロ。

とビリヤードお決まりの音が響いた。

が、ボールは動いていない。

気のせいだろうと思っていたら、友人もトイレでその音を聞いていた。

## 四、

深夜、家が揺れた。

ゆっくりと一定の間隔で、どしーん、どしーんと音が鳴り、壁やガラスが軋《きし》んだ。

揺れはすぐ収まったのだが、家族四人は今にも家が倒れるのではないかと恐れ、着の身着のまま外に飛び出した。不思議なことに、あれだけ揺れたというのに、近隣の住居の明かりはどれも消えたままだった。

首を傾げつつ一家は再び床へ就いた。

翌日の朝、庭の杉の木が一メートルほど移動していることが分かった。

# 五、

子供部屋から、

「おいなりさーん」

と、我が子の声が響いた。

保育園に子供を送ったばかりのことだったので、これはおかしいと確認したところ、確かに子供は部屋におり、ブロックで遊んでいた。

保育園に電話すると、

「いえ。タケシ君ならこちらにちゃんといますよ……。あ、すみません。いません。あれ？　いたのに？　さっきまでいたんですよ。あれ？　いるんですか？　そちらにいるんですか？」

と埒が明かない対応をされた。

保育園までは車で十分ちょっと掛かる距離で、その頃タケシ君は二歳だったそうだ。

## 六、

大座敷で行われた会社の忘年会の最中、

「お待たせぇ。遅れでまったじゃあ」

と障子の戸を開けて顔を覗かせたのは、その年の初め頃に、脳溢血で亡くなった重役だった。

その場にいた社員全員がこの珍事に固まっていると、

「ああ。そうか……」

と重役は寂しそうに言い残し、顔を引っ込め戸を閉めた。

# ドアを押す

先日、青森県平川市の廃校で開かれた怪談会に、私を含む怪談愛好会「弘前乃怪《ひろさきのかい》」のメンバーが語り部として登壇した。その運営スタッフの方から聞いた話を一つ。


学生時代は八戸市のアパートに住んでいた。

雰囲気のある古い建物。

外にある階段を上がると二階に二部屋あり、その一つが彼の部屋だった。

遊びに来た友人が帰る折、

「へばな《じゃあな》」

と挨拶をしてドアを押した。

ドアが開くとそこに女の人が立っていた。

「待って待って、そこ一回閉めて」

「あ？　どした？」

友人がドアを内側に引いて閉めた。

外の廊下はとても狭く、ドアを開けた場所に人が立っているとしたら、必ずぶつかるはずだった。

開けてすぐそこにいるなら、ドアを透けているか、恐ろしく薄い身体で手すりすれすれに立っているかどちらかだ。

「あ、もう一回開けて」

「なんだんず《どうしたの》」

友人がもう一度開けたときにはもう女の姿はなかった。

# ハナツマミ者

高松圭子は近所のハナツマミ者だった。

理屈っぽい物言いをする割に、根拠が曖昧だったり、間違った情報を元に話す。

彼女の嫌味ったらしさと、嫉妬深さはものの五分も言葉を交わせば分かる。

「結局さあ。気持ちが弱いのよ。もっとしっかりしたらいいわよ。悩んでもしょうがない。悪化するわよ」

乳がんを宣告された女性に高松圭子はそう言った。

「あらあなた、腕も顔も肌がざらざらね。もっと化粧したら？　若さに胡座《あぐら》かいちゃダメダメ」

アトピーで苦しんでいる学生に高松圭子はそう言った。

五十を過ぎて独身なのはライフスタイルを守っている訳ではなく、単に男が寄り付かないだけだ。

「食べ物が良くないのよ」

井戸端会議をしていると、厚顔無恥の高松圭子は自分が嫌われていることも知らずに混じってくる。

「食べ物が良くないからそうなったってことよね」

とある家庭の亭主がリストラに遭った話をしていたのに、高松圭子のせいで話題は健康食の話にすり替わる。

相槌を打つのも面倒臭いが、無闇やたらと邪険にするのも、なんだか怖い。

高松圭子を敵に回して、どれだけ酷い目に遭わされるか分かったものじゃないのだ。

そもそも、ここ最近の高松圭子は加齢のせいか、以前よりなお一層に人格が破綻している。

先日は高松圭子が大きな石を片手に、軒先でぎょろぎょろと辺りを見ていたので、お隣さんが声を掛けたところ、

「カラスがいたから。怖くて」

と目も合わせずに言ったそうだ。

「殺さないと調子に乗るから」

と続ける高松圭子の狂気に満ちた顔つきは見られたものではなかった、とのこと。

ぱたっと見かけない日が続くと、新興宗教の総本山に泊りがけで行っている。

高松圭子は幾ら煙たがっても宗教の勧誘を止めようとしない。

これには町内会長が正式な苦情を申し出たのだが、改善されないままだ。

誰が高松圭子を庇えるというのだろう。

厄介のトリプル役満。

高松圭子はそんな女だった。

しかし、人の世とは面白いもので、そんな女にも転機は訪れる。

高松圭子に男の影があると噂が立った。

「夜中に誰かと話しながら帰ってきて、二人で家に入っていったわよ」

「香水の匂いをぷんぷんさせて、昼間に出ていったわね」

「ずっと遅くまで家の明かりが点いていて、時折男女の笑い声があったな」

噂が立った時期から、それまで「デ」の付く体型に近かった高松圭子は、みるみるうちに痩せていった。

近隣住民にちょっかいを出すこともなくなった。少し寂しさすら感じる。

高松圭子の一軒家は、今は亡き両親から受け継いだものだった。

兄弟からの仕送りを生活費にしているとのことで、この話を本人が披露したときには「羨ましいでしょ」と余計な一言が添えられていた。

それから一カ月ほど経った頃には、もう高松圭子の姿はなかなかお目にかかれないものになった。

電気が点いたり消えたりしているので、家にいることは間違いないのだろうが、外に出てこないのだ。

男と一緒に住んでいるらしい、とは口々に騒がれたが、それこそ根拠が曖昧で誰一人肝心のお相手の姿を見た者はいない。

これはこれで、気味が悪い。

高松圭子が男とどんな生活を送っているのかを想像すると、吐き気を催すというものだ。

そして、その吐き気に輪を掛けたのが悪臭問題。

「だって、あの家、ゴミ出してないでしょ。腐ってるのよ」

「何。どうなってるの。あの人、何食べてるの。ほんと臭い」

「もう死んでるんじゃないの。男に殺されてるとか、臭いわあ」

誰か様子を見に行ったほうがいいんじゃない。

いやよぉ。

絶対にいや。

斯くして高松圭子は更なる不穏分子となった。

町内会長も今度ばかりは腰が重く、悪臭問題は警察にお願いすると言った割には、動きがなかった。

そこで立ち上がったのが、町内の主婦二人だ。

洗濯物に臭いが付くため、屋内干しを余儀なくされることに怒りが爆発したそうだ。

「高松さん」

インターホンを鳴らし、スピーカーに話しかけるも応答はない。

玄関ドアはすんなり開いた。

「高松圭子さぁん。いますかぁ」

またも反応はなし。

反応がないことよりも、驚かされるのは高松圭子の家の中はまったくの無臭で、想像していたようなゴミ屋敷ではなかったことだ。

では、何故外だけ臭うのかという問題に主婦二人はまだ思い当たっていない。

玄関には幾つもの女性用靴やサンダルが並んでいた。

しかし、しんと静まり返った高松家に人の気配はない。

案外、寝室を覗けば寝ているのかもしれない。

尤も、主婦二人は寝室がどこにあるのか知らない。

かつて誰も高松家に入ったことがないのだ。

主婦二人はリビング、二階の物置、いかにも使われていなさそうな段ボールがあるだけの部屋を巡り、結果誰もいないことが分かった。

始終、誰かが高松圭子を監視している訳ではない。

日を改めて本人を捕まえるしかない。

流石は厄介のトリプル役満だ。


主婦二人の報告で、少しだけ近隣の緊張状態は緩んだ。

あそこはゴミ屋敷ではない。

悪臭の原因はどうも違う何かのせいらしい。

存外、高松圭子の家は片付いており、一線を超えたような感じはなかった。

冷蔵庫の中には缶ビールと缶酎ハイだけが入っていた。

「結局、何だっていうのかしらね」

「昨晩は明かりが点いていたわね」

「ちょっとだけ声も聞こえたわ」

「あら、あたしちょっと前に見たわよ。ガリガリに痩せていたわね」

「あたしも見た。何かひょこひょこって片足を引き摺って歩いていたわね。ほんと骨と皮しかないくらいガリガリ」

それに、すれ違ったら何か臭かったわ……。

これが高松圭子に関する最後の情報だった。

悪臭は次第に薄らぎ、消えた。

高松圭子の家の明かりは消えたままになり、そして間もなく、パトカーが一台。

近隣住人への事情聴取。

「ちょっと。信じられないわ」

首を括った高松圭子の腐乱死体は長野の山奥で見つかった。

「ええ。あの人が……」

遺書には新興宗教の教祖への恨みつらみが綴《つづ》られていたそうだ。

「大分貢いでいたとは知ってたけど……」

死後、数カ月以上。

「そんな訳ないわ。みんな見てるわよ。この辺にいたことは間違いないわ」

男がいた。

少し前まで生きていた。

この証言が多くあったため、捜査は揺れた。

しかし、駅の防犯カメラや新幹線のチケット購入履歴などと比較して、近隣住人の言葉は信憑性が薄い。

当初の見立て通り、高松圭子は自殺と処理された。


「結局さ、何だった訳」

「ええ。分かんないわよ。見間違い？」

「見間違う訳ないわよ。見たんだもん。ちゃんと」

「あの高松圭子の臭い、忘れないわよ。ほんと。見たんだから。嗅いだし」

「じゃあ、何だった訳」

ほどなくして、高松圭子の家は取り壊され、売り地の看板が立った。

その後、「痩せた女のお化け」に関する騒ぎが近所の小学校で起きたらしいが、それについて詳しくはもう誰も覚えていない。

# 夜中の老婆

眠い目を擦りながら、町内の者が一人また一人と外に出てきた。

「神隠しだぁ！　神隠しだぁ！」

路上でそう騒ぎ立てる腰を曲げた老婆がいる。認知症のヨネだ。

「何だぁ。何時だと思ってるんだ。なんて言っても、ヨネさんにはわからなねぇか……」

「にしても、ヨネさん見るの久しぶりだな。頭はああでも、元気そうじゃねえか」

そんなことを話していると、ヨネは急に騒ぐのを止め、歳の割にはなかなかのスピードで家に戻った。

「あの調子でまた騒がれたら、たまったもんじゃない。亮吉さんに話しておこう」

ヨネの世話は亭主の亮吉さんが一手に請け負っていた。

子供達は結婚やら就職やらで県外に出ていったまま、ついぞ音信不通なのだそうだ。

「亮吉さん、頼むよ」

「ああ。どうしました」

「ヨネさんだよ。可哀想だとは思うけど、こんな時間にあれじゃあ町内のみんなも大変だからよ」

「ああ。ヨネですか。ヨネはもう施設に入れましたから安心してください」

亮吉は動じることなく言ってのける。

「入れたっても、今日はいる訳だろ？　俺が言ってるのは、家にいるときにだな……」

「いえいえ。今日も施設におります。もうずっと施設です。ヨネは歩けやしないんだから」

「いやいや。庇っても駄目だよ。みんな見てるんだから」

亮吉は詰められると次第に困った表情を見せ始めた。

「そう言われても。どうしたらいいんだろうね。ううん。ヨネが急に一人で動けるようになって施設を抜け出したってことですかね。ううん。参ったな」

とりあえずヨネがいない証拠に家の中を見ていってくださいな、と亮吉に提案されて屋内を見て回るも、老人臭さがあるばかりでヨネの姿はない。

「これでも疑いますか。まあ、そうでしょうね。ではちょっと待ってください。施設に電話しますから。夜勤の人に確認してもらいますよ」

もしもし、夜分遅くに申し訳ありません。太田ヨネの亭主です。どうも、お世話になっております。あのですね。はい。ヨネの姿を町内で見たという方がいましてね。もしかして、ヨネが施設の外に出たんじゃないのかと、そういう話になりましてね。これは確認せねばならないと思ってお電話した次第なのですが。はい。はい。そうですね。できれば確認していただけたら。はい。ええ。待ちますので……。

えっ？　いない？　本当にいないのですか？　では外に出たと。どうやってですか。あいつ、歩けないでしょう。もう頭だってアレじゃないですか。それで、どうやって施設から出るんですか。おかしいじゃないですか。警察に捜してもらわないと。参ったな。

もしもし警察ですか。
ヨネはまだ見つかりませんか。
もう三カ月も経ってる。

ヨネはまだですか。
生きていなくてもいいんです。
せめて骨だけでも。

誰かヨネを知りませんかねぇ。
せめて、骨だけでも。

神隠しだ。
神隠しだぁ。

そうして亮吉の叫びが町内に響く。
ヨネと同じように。

# どうぞ

某所。

頻繁に借り主が変わるテナントがあった。

雑居ビルの一階ワンフロアで備え付けのカウンターとテーブルが二つほど置けるスペースがあり、もし使うなら小さなバーかお食事処という按配《あんばい》。

実際、バー、ラーメン屋、テイクアウトが主のタイ料理屋、安価な蕎麦屋などが開業と閉店を繰り返していた。

駅から近いという好条件の割に、誰が借りようとそこは閑古鳥が鳴く。

不動産屋としては、借り主が変わるたびに手数料を取れるので、気にはならない。

店が繁盛するかしないかなど商才次第。

どうぞお好きに。

ある内覧者はそのテナントに入るなり「ここ出たりしません？」

と言った。

「いいえ。そんな話は聞いたことありませんよ」

と業者は返した。

また、ある内覧者は「ああ、俺は無理。何か見られている気がする」と言って、外へ飛び出したまま、帰ってこなかった。

中には、店内で嘔吐《おうと》する者もいた。

しかし、いずれ借り手が付く。

どうぞお好きに。

とっくに巷では怪しまれている場所となっていた。

何でも、あそこは出るらしい。

「あそこの内覧の引率、ちょっと代わってもらっていいですか。何だかあのビル気味が悪くて」

新入社員はそう言った。

「うるせえな。寝ぼけてないでいってこい」

社長はそう言った。

新入社員はその後、無断欠勤が続いた挙句、行方不明になった。

警察に届けるも、進展なし。

行方不明も、どうぞお好きに。

そしてある日からテナント募集の看板が取れつつも、一向に店が入る様子がないまま、幾年かが過ぎた。

聞くと、ビルの上階も全て空室になっているという。

管理会社は経営難で潰れたとのこと。

最近、新たな管理会社が付いたが、すぐ手を引いた。

手を引いた理由は分からない。

どうぞお好きに。

# ざまぁ

これは私が東京に住んでいた頃に聞いた話だ。

夏子さんはかつて美容師だった。

広さの割に席数があまりない、ラグジュアリー感を重視した内装の高級美容院で勤務していた。夏子さんいわく、お客様からするとゆったりとしたリラックス空間なのだろうが、美容師はなかなかの激務を強いられていたそうで、顧客への営業活動としてプライベートの時間も割かねばならず、随分なストレスだったとのことだ。

営業が終わると、ほぼ毎日大掃除と言っていいほどの清掃業務があり、それが終わるとミーティング、カットの練習があった。

店長も美容師も皆が女性だったためその人間関係は複雑で、夏子さんのあまり得意ではない雰囲気だった。

給料は出来高歩合と謳われていたが実際はほぼ年功序列で、「雰囲気的にこの人に辞められたら困るな」と店長が思った美容師にだけ、きまぐれな昇給があった。

夏子さんは早々に給料面での期待を捨て、自分の顧客をたくさん付けて独立することだけを目標に励んでいた。

営業が終わり、皆で店内掃除をしていたときのことだ。

夏子さんは入り口のガラスドアの外に女性が一人立っているのを見つけた。

閉店から三十分後のことだった。夏子さんは女性に閉店したことを告げて名刺を渡そうと、箒《ほうき》を置いて入り口へ小走りで向かった。

「ダメ！」

叫んだのは店長だった。

明らかにこっちを見て、制している。

「え？」

何故怒られなければならないのか分からない。

このように閉店後に訪れた客に声を掛けるのは、マニュアルとして指示されており、今まで何度も行っていることだ。尤も店長が止めろと言うなら、止める外ない。

無視も悪いだろうと、外の女性に一礼する。

黒髪が綺麗な、目鼻立のくっきりした人だった。

灰色のスカートと白のブラウスは、小綺麗な印象。

女性は僅かに顎を下げてから、後ずさるように外の闇に消えた。

夏子さんは機嫌を伺おうと店長をさりげなく一瞥《いちべつ》した。

店長は何事もなかったように帳簿を捲っていた。

ミーティングが終わると皆は帰り支度をするために更衣室に集まった。

通例、店長はチーフにミーティングを任せて先に帰る。

店に対する愚痴大会が始まるのは、大体このタイミングだ。

「ねえねえ。さっき夏子さんなんで怒られたの？」

同僚がデリカシーもなくそんな質問を投げかけると、皆が夏子の言葉に耳を傾けた。店長の傾向と対策を知るのも昇給の近道だ。

「んー。何か外のお客さんに声を掛けちゃダメってことだと思う」

「ええー。何でいきなりそうなっちゃうの？」

「声掛けてたじゃんね」

「何なん。あのババア」

　一斉に店長の悪口が始まった。一見すると夏子への同情の念がありそうだが、実際は悪口の種を見つけ、ストレスを発散する機会を楽しんでいるだけだ。顧客の指名が変わるたびに、更衣室は険悪になる。夏子は勤務初日から一度たりとも店を良い職場だと思ったことがなかった。

その日から先、店内に二つの変化が起きた。

まず、誰一人閉店後に訪れた客に愛想を売らないようになった。

本当は名刺を渡したいところだが、夏子のように怒られたらたまったものではない。

店長も、最初のうちは店員の動きの変化に何か言いたそうな表情を見せていたが、しばらく経つとまったく意に介さないようになった。

もう一つの変化は、店長が執拗《しつよう》に夏子をいじめるようになったことだった。

清掃に粗があると夏子のせい。

少し予約が少ないと、笑顔が足りない、言葉遣いがなってない、と夏子の接客態度を責める。

ただ立っていても「雰囲気が悪い」と小声で詰《なじ》られた。

同僚達は巻き込まれないように、夏子と会話をするのを控え出した。

辛い日々が続き、もう限界を感じ始めた頃、とどめがあった。

「あなたの勤務態度は、減給に値する」

店長は吐き捨てるようにそう言った。

珍しく店長がミーティングまで残っている理由が、そのとき分かった。

涙は溢れ、自分が粉々に壊れたような気がした。

言葉を返す気力も起きず、無言で椅子から立ち上がり、荷物をまとめようと更衣室に向かった。

夏子が抜けても平然と続くミーティングの声が、更衣室まで届いた。

ロッカーに置いてあった私物を全てリュックに詰め込み、二度と戻らないつもりでホールを通り抜ける。

夏子は入り口の前で、わざとらしく気を付けをし、

「お世話になりました」

と声を振り絞った。

入り口のドアを開けようとすると、

「ダメ！」

と店長の声。

今更、引き留めても無駄だ。

振り返らずにドアを開ける。

「ああああ」

これまで一度も聞いたことのない店長の嘆きを背中で受ける。

あまりの声色に驚き、店内をガラス越しに窺った。

あんぐりと口を開ける店長と、何事かとそれぞれ顔を見合わせる店員達。

そして、店内にはあの日の女性客の姿。

自分とすれ違いで入店したようだが、入り口ですれ違った記憶はない。

防音ガラスのせいで、店内でどんな声が響いていたのかは分からないが、ハサミや櫛《くし》を女性に投げつけ始めた店長を、店員達がドタバタ喜劇のように一瞬で押さえつけた。

店長が投げつけた道具の幾つかは女性に命中しているように見えたが、どれも女性の身体をすり抜け、背後に落ちた。

この辺りから、夏子は様子を訝《いぶか》しむ。

何故、すり抜ける。

何故、店員達は閉店後に入店した女性に一切反応しない。

何故、あの女性は笑っている。

羽交い締めにされた店長がめそめそと泣き出す姿を確認すると、夏子はその場を去った。

何であれ、いい気味だ。

ざまぁみろ。

一カ月ほど最寄り駅の近くにある千円カットの店でアルバイトをしていると、風の噂であの美容院が潰れたことを聞いた。

潰れた理由までは話題にならなかったが、また〈ざまぁみろ〉と思った。

# 人とそれの関係

岸本は二十代の頃、道路建設会社に勤めていた。

毎年、年度末には東京へ出張する。

出張先では、同僚達と二段ベッドが三つ置かれた狭い部屋に二カ月ほど泊まるのが常だったが、一度だけ何かの都合で一人一人に部屋が宛《あて》がわれた年があった。

「ちょうちょう《なあなあ》、あのカツカツって音するの何だべな？」

「ああ。鳥っすかね。わぁ《俺》は鳥だと思ってだけど……」

「鳥が。うん。んだがさも《かもな》」

隣の部屋に住む先輩同様、岸本もこの一週間気にはなっていた。

工事は昼夜問わず行われる。夜勤明けにアパートで寝る日もあれば、昼勤明けにアパートに戻る日もある。いずれにせよ、寝ていると音がする。カツカツとどこかの壁か屋根をつつく音がするのだ。音は一分ぐらい続くのだが、突如止まる。

何だろう、とは思うものの騒音で眠れない訳でもない。

音はするが、どうでもいい。その程度のものだった。

出張が終わり、皆で青森に戻った。

それから、出張に出向いた六人全員が毎日のようにそれぞれの住まいでカツカツ音を聞くこととなる。

「あれ、なんなんだべな」

「連れできてまったんだべな」

「ま、いいべいいべ」

岸本も含め「怪我もなく出張が終わったし、まあ、いいべ」で話は終わった。

一カ月ほど音は続いたが、知らぬ間に聞かなくなったそうだ。

# ママと美緒ちゃん

何度も何度もピンポンが鳴る。

どうしてママはお客さんが来ているのに迎えに行かないのかな、と美緒は思う。

ママ誰か来たよと教えるべきなのかどうかは、まだ分からない。

一回目なら伝えることもができたかもしれないが、もう機を逸してしまった。何度も何度もピンポンは鳴っているのだ。

大人の事情なのだろう、と美緒は収める。

母はテレビを観て、微動だにしない。

気付いていない訳がない。

ママはさっきピンポンの音に負けないよう、テレビの音量を上げたのだ。

この煩《うるさ》いピンポンは、いつ鳴り止むのだろう。

「ママァ」

美緒は持っていた人形を床に置いて、母に一声掛けた。

「美緒ちゃん」

優しい返事。

「美緒ちゃん。ピンポン聞こえるんでしょ。うるさいよね。でもさ」

「うん」

「この家、ピンポンないよね」

「うん」

「何でピンポン鳴るんだろね」

「うん」

「ピンポンない家に、ピンポン鳴らしてくるお友達なんて、何か変だよね」

「うん」

ママの言う通りだ。

「そのうち、鳴り止むよ」

「うん。なら、いい」

美緒さんの記憶はそこまでで、その後のことは覚えていないのだそうだ。

# す・る・う

こんな書き出しでいいのかと我ながら思うが、〈よくある現象〉が珍しいシチュエーションで起きた話を二つ。

## オーディション

私が「アイドル好き」であることを話すと、深雪さんはかつて役者になりたかったという話を聞かせてくれた。

映画、ドラマのエキストラも経験したことがあり、端役のオーディションを受けたことが何度もあるのだそうだ。そんな話をしていると、

「あっ！　変なことあった！」

と深雪さん。

深夜ドラマのオーディションだった。

登録制の芸能事務所から送られてきたメールで開催を知ると、主人公の友人A役になるべく、深雪さんはオーディションに参加した。

あまり注目度の高くなさそうなドラマに思えたので、グループ形式のオーディションになるのだろうと予想していたが、蓋を開けてみると意外にも別室待機で一人ずつ名前を呼ばれた。

待機部屋には二十人ほど。

「八番、タカトリクミコさん」

「はい」

「十一番、ユメヤカズコさん」

「はい」

スタッフの呼びかけがあると、荷物を持って待機部屋から退出する。

面接終了後は、まっすぐビルから出ていくのが決まりだ。

「十五番、小野深雪さん」

「は……」

「はぁい」

深雪さんの返事を食うように、他の女が返事をした。

(確かにあたしの名前を呼んだはずなのに)

返事をした女はすっくと立ち上がり、部屋のドアを塞ぐように立つスタッフの男の身体を真正面からすり抜けて出ていった。

「小野さあん。小野深雪さんいませんかぁ」

「は、はいっ」

結果は不合格だった。

## 愛でる

川藤さんは会社近くの公園のベンチで、昼ごはんのサンドイッチを食べていた。

走り回って遊ぶ子供達の姿を見て、今日が土曜日だったことを思い出す。

満面の笑みで川藤さんの元に駆け寄ってきたのは、愛嬌たっぷりの可愛い子だった。

手を伸ばして頭を撫でようとすると、手が子供の頭をすり抜けた。

「んにゃあ？」

思わず間抜けな声が出た。子供は再び公園を駆け回り、他の子供の集団に混じったかと思うと、もはや二度とその姿を見つけることはできなかった。

# 履物

青森市、某所。

実可子さんは夫と二人で暮らしている。

住まいは共働きの収入をローンにあてて買った新築建売の二階建て一軒家。

もう住み始めて一年が過ぎた頃のある日曜日のことだった。

夫はどこかに遊びに出ており、実可子さんはテレビを観ながらごろごろしていた。

玄関ドアが閉まる音がして、階段をバタバタと上がっていく足音が聞こえた。

ああ、夫が戻ったんだわ。

ソファで横になったまま、そんなことを思っていると、今度は二階から赤子の泣き声が聞こえた。

夫が赤子を連れて二階へ行った。そう考えるべきなのだろうが、では何故と考えざるを得ない。何だ何だと、ソファから降り、二階へ向かう。

階段を上がるうちに泣き声の響き具合から赤子は寝室にいることが分かる。

寝室のドアの前には夫のスリッパが一足。

ドアを開ける。

と同時に泣き声は止み、中には誰もいない。

おや。

気のせいか。

と思う訳がない。明らかに泣き声はあった。

寝室のクローゼットを開けたり、ベッドの下を覗き込んだりしているうちに、ことの異様さに動揺し心臓が激しく動悸を打ち出す。

近隣に赤子がいて、まるで屋内にいると錯覚するほどの大きな泣き声を発したのだろう、と無理矢理自分を納得させ、ドアの前にあったスリッパを掴んで階段を下りる。

家の中に今ある音は、点けっぱなしだった一階のテレビから鳴るもののみ。

スリッパを玄関に戻し、もう一度居間へ行こうと玄関を背にした。

ここで、また玄関ドアが閉まる音がして、すぐさま階段を上る足音。

続いて、赤子の泣き声。

外へ飛び出したい衝動に駆られつつも、ことの真相を確かめたい気持ちが勝った。

駆け足で二階に上がり、赤子の声に近付く。

寝室ドアの前には、今度はスリッパではなく実可子さんのジョギングシューズが一足置いてある。

躊躇《ためら》う暇を自分に与えず、寝室ドアを勢いよく開けた。

また赤子の泣き声は止み、また誰もいない。

踵《きびす》を返して、外へ飛び出した。

# 決意こそが近道

ある男がいた。
男はとうに死を決意している。
色恋のもつれか、借金に苦しんだか、生きていけないほど心の傷を負ったか。
何にせよ、これから死のうとしている。
男は、夜の海に身を投げるつもりでいた。
誰にも気付かれず、飛べばいい。
それで全てが終わる。
そして訪れたのは、地元でお馴染み、「身投げの名所」。
ガードレールを跨《また》いだ後、背の高い藪をかき分け進むとそこに着いた。
波は荒く、風は強い。
星と月は分厚い黒雲で覆われている。
眼鏡を外し海へ放り投げると、世界はぼやけた。
崖のぎりぎりまで足をにじらせたところで、

「俺みたいに」

と背後から声が聞こえた。

まさか自分の他に人がいるとは思わなかったが、振り返ると躊躇《ちゅうちょ》してしまいそうで、無視した。

「俺みたいに……よ」

また声。はっきりとは聞き取れない。

「俺みたいにな……よ」

思わず振り返りそうになる。

「俺みたいに」

急に声が近付く。

「なれるよ」

もはや耳元。へたりとその場に座り込み、瞼を固く閉じた。

その背に、

「俺みたいになれるよ」

と話しかける声は、日が昇るまで続いた。

# 録音

聡子さんは現在ＯＬをしている。彼女は高校生の頃、声優になりたかった。

今もまだ若い聡子さんの周りには、時代柄か声優志望が何人もいたそうだ。

当時聡子さんは、とにかく自分の声を録音して聞くようにしていた。

パソコンの内臓マイクに向かって、想定するシチュエーションに合わせた声を出す。

後でそれを聞いて反省点を踏まえる、という練習だった。

何度も何度もそれを繰り返すうちに著しく成果が上がり、すっかりその練習にハマってしまった。

音声ファイルも随分と溜まってきた。時折古い音声を聞き直すと、自分の成長を感じられて楽しかった。

その日も、古いファイルを無作為に聞いていた。

すると、一つだけ開かないファイルを見つけた。

プロパティを見ると、そのファイルは音声プレーヤーに関連付けられているにしてはデータ量が多かった。何かの間違いでダウンロードした動画ファイルの拡張子を変えてしまったのかもしれない。

拡張子を思い当たる動画再生用のものに変えてみるも、どうにも開かない。

諦めてゴミ箱へ捨てようかと思ったが、何故か中身が気になった。

大事なファイルだったらどうしよう、とそのときは思ったのだが、高校生のパソコンに入っているデータにそれほど大事なものはあっただろうか、と今では思うそうだ。

インターネットで検索した主な拡張子を片っ端から入れてみるが駄目。

うまくいかない、うまくいかない、うまくいかない。

妙にイライラしてしまい、ついディスプレイを手のひらで叩いた。

すると、パッと画面が白くなった。

壊れた！

と思ったのだが、白い画面をよく見たところ壊れている様子はない。

どうも何かのフォルダが開いたようだ。

フォルダの中には音声ファイルが一つ。

これか。プロパティを見ると、データ量が確かに同じだ。

何だか分からないが、これで聞けるだろう。

クリック。
聞き馴染みのある無音と言っていいほどの僅かなノイズ。
じっと自分の声が出るのを待つ。
が、聞こえてきたのは少しハイトーン気味の男の声。

「あの子には可哀想なことをした」

そのセリフ一回のみ。
プレーヤーを見ると七時間以上ある。
しばらく再生をしたままにしておいたが、無音が続く。
再生を止めて、ゴミ箱へ。
間違ってどこかからダウンロードしたのか、それともウイルスか。

そして、数年後。
聡子さんは大学を中退した。
理由はアルバイトでキャバクラ嬢を始めたところ、夜の世界にすっかり染まってしまったからだそうだ。

毎晩多額の金を稼ぎ、その金でホストクラブに通った。

あるホストと良い仲になると、生理が止まった。

もちろん、産む気はない。

そのホストとは別れた。

また、数年飛ぶ。

携帯にあのホストから留守電が入っていた。

何を思ったか知らないが、内容はヨリを戻したいとのことだった。

ホストがずらずらと残した留守電の中には「あの子には可哀想なことをした」という聞き覚えのあるセリフがあった。

記憶と寸分違わない口調とトーンだった。

# 額

川上さんはコレクターだ。

初版の漫画本、アニメのセル画、フィギュアなどを集めている。

そして、収集する対象には一風変わったジャンルもあった。

「額縁が好きなんすよね」

始めのうちはサイン色紙やセル画を飾るために適宜買っていたのだが、念のために予備も買おうと思い立ったが最後、変わった額縁を見つけると、手に入れずにはいられなくなったのだそうだ。

「木枠の色なんかも、ちょっと古いと味があって良いもんなんすよ」

みるみるうちに空の額縁が家に溜まっていった。

額縁だけ飾る気にもならず、殆どが横積みになっていくだけ。

ミイラ取りがミイラとも、本末転倒とも。

何が面白いのか、とは自分でも思うが、それでも購入を止められない。

コレクターとはそういうものらしい。

ふらっと入った質屋にその額縁はあった。

白のプラスチック製の枠を持つ、いかにも安物の額縁だった。

大した魅力もない、普段なら一笑に付す品物だ。

買う気もない宝石や革製品などを幾つか手に取り、それに飽きた頃に店を出ると、無性にあの額縁が欲しくなった。

ああ、あの大きさは最近手に入れたノヴェルティのチラシを入れるのにちょうど良い。

電撃が走るようにそう思った。

善は急げと購入し、家に戻った。

チラシを押し入れから探し出し、額縁に入れる。

さて、どこに飾ろうかと額縁を手に自室を見渡した。

チラシには電化製品とアイドルの姿が写っている。

(アイドルはアイドルでまとめたほうがいいかな)

ちょうど、アイドルのＤＶＤを入れた棚の上方が空いている。

ここだと思って壁に画鋲を一つ刺し、額を飾った。

(よしよし……これでよし。じゃねーな。何だこれ)

額縁に収まっていたのはアイドルの姿ではなかった。
そこには一枚の白黒写真。
額の中では藁葺き屋根の家の前に二人の男女が立っている。
もちろん、写真に心当たりはない。
カラーのチラシがＡ４サイズの見覚えのない写真に変わった訳だ。
（きたこれ……）
川上さんは額縁を隣町の集合住宅のゴミ捨て場に捨てた。
その後何があるということもなく、この体験に対する思いは、
「あのチラシ、貴重なんすよ。腹が立つ」
のみだという。

# 扇風機

東北の夏は短いが、それなりには暑くもなる。

しかし、夏の暑さ以上に冬の寒さが主張する。

そのためか、クーラーを設置せず扇風機のみで夏をやり過ごそうとする家庭も少なくない。

「おお。おお。扇風機、使わねときはちゃんと止めとげじゃ」

紀彦は階段に向けて怒鳴った。二階の居間から、妻と娘が見ているテレビの音が聞こえていた。

家族の返事はない。

一階のダイニングキッチンにある扇風機は、首を振りながら誰もいない虚空に風を送っていた。

紀彦は扇風機のスイッチを器用に踏んで消した。

日中は残暑がきつかったが、夜はもう十分に気温が下がっていた。

テーブルの上にはラップが掛かったおかずの小皿が幾つか。

冷蔵庫の中からビールを取り出して、椅子に座った。

最近、とんと家族三人で夕食を頂いていない。

まあ、いいか。

パチッ　ブゥーン。

ビールの口を開け、箸を煮付けに伸ばすと、扇風機が回り出した。

タイマーが掛かっていたのだろうか。

という考えを持ってはみたものの、我が家の扇風機はつまみ式のオフタイマーこそ付いているものの、オンタイマーなどないことに思い当たる。

扇風機はゆっくりと首を振って風を送っている。

見ると確かに強のスイッチが凹んでいる。

しばらく扇風機を見つめてから、再び足で消す。

椅子に戻り、箸を手にする。

気をとり直して……。

パチッ　ブゥーン。
何だこりゃ。
壊れてる。
「おお。おお。扇風機、おがしいべな。勝手に回るべな」
食事もそこそこに、家族に電化製品の異常を訴えながら二階に上がった。
居間の戸を開けると、電灯は消えていた。
テレビは点けっぱなしで、中には誰もいない。
「おお。亜紀子ぉ。朱美ぃ」
家人の名を呼ぶも応答はない。
帰ってきたとき、玄関にあった二人の外履きは確認していた。
いつの間にか、どこへ行ったのか。
テレビを消して、居間から出ようとすると、今度はテレビがひとりでに点いた。
とにかく家電も点く。
ならば、消さないでおこう。

そんなことより妻と娘の姿が見えないのが問題だ。
「亜紀子ぉ、朱美ぃ」
家中を探したが姿は見えない。
ならばと、外に出た。
ついでに確認すると玄関には変わらず二人の外履きがあった。
通りに出て辺りを見渡すと、思いの外すぐ近くに二人はいた。
電柱の下に並んで立つ妻と娘。
微動だにしない。
紀彦は何かただ事ではない気配を感じた。
「……どした？」
近付きながらそう声を掛けた。
そして二人が裸足だということに気が付く。
二人は同時に顔を斜め上に向けた。
反射的に、紀彦も同じ方向を見た。
我が家。
いつの間にか全ての明かりが消えている二階建ての我が家が、その方向にあった。

「何だっけ？　家、どうがしたが？　ああ。何が暗いな。灯りば点けてあっだはずだけどな」

我ながら間の抜けた言葉だと思いつつ、二人の沈黙に耐え切れずそう言った。

家と二人を交互に見て、しばらく何かを待つ時間が続いた。

何を待っているのかは分からない。

強いて言うならこの不可解な時間が終わるのを待っているのだろう。

やがてそのときは訪れ、パッと家の明かりが点いた。

と同時に、二人の姿も消えた。

すごすごと家に帰る。

テレビの音が二階から。

居間を確認すると、二人はソファに座ってバラエティ番組を観ていた。

「おかえり。どした？　変な顔して」

妻にそう言われるとどっと疲れが出て、

「寝る」

とだけ紀彦は言った。

# タオル

沢良木和子さん一家で起きた出来事である。

風呂上がり、和子さんはバスタオルを取ろうとドアの上にある引き戸を開けた。

幾つか折りたたんで重なったタオルのうち、一番上の一つを掴む。

まずは髪の毛を拭こうとタオルを広げた。

「きゃっ」

思わずタオルを投げ捨てる。

白い無地のタオルにはたくさんの小さな蜘蛛《くも》の子がへばり付き、蠢いていた。

床に打ち付けられた蜘蛛の子らは四方八方へ散っていった。

急いで母を呼び、脱衣所を掃除機で吸ってもらった。

母もそこいら中にいる小蜘蛛の群れに驚いていたが、それ以上に諸悪の根源とも言うべきバスタオルに反応した。

「このタオル、どこから出したの？」

「引き戸にあったの。何？　雑巾なの？」

「これ、ずっと昔に捨てたのよ」

聞くと、そのタオルは和子さんが生まれる前、既に亡くなっていた母方の祖父のものだという。

「あんたのじいちゃんが死んだとき、捨てたんだよ」

母の目が泳いでいる。どこか引っかかる話だが、ぶつくさ言いながらタオルを改めて捨てにいく母の背中を追いつつ、後味の悪い脱衣所で新たなタオルを掴み身体を拭いた。

翌日、中学生の妹が脱衣所で悲鳴を轟かせた。

脱衣所の隣にあるキッチンにいた和子さんが慌てて脱衣所のドアを開けると、またも白いタオルと走り去る無数の小蜘蛛が床に。

続いて様子を見にきた母と一緒に、慄《わなな》く妹の背を撫でながらキッチンに避難させ、また蜘蛛を掃除機で吸った。

「お母さん、またタオルを仕舞ったの？　あのタオル、絶対に卵付いてるんだって！」

「捨てたわよ！　誰かゴミ袋から出してまた仕舞った人がいるのよ！」

「いる訳ないじゃん！」

口論が今にも始まりそうなほど親子が声を荒らげると、

「あ……それあたし」と泣きやんだ妹が言った。

妹は昨晩、寝つけなかったため飲み物を取りに一階に下りた。

すると、冷蔵庫の前に白いバスタオルが落ちていた。

白く、柔らかな肌触りだったため、母が洗濯物を取り込んだ際に落としたのだろうと思い、畳んで引き戸に仕舞った。

そういった顛末だった。

妹の話を聞いた母は、また激しい動揺を露わにしつつ「捨てたんだから！　ちゃんと捨てたんだから！」とタオルを持って外に出ていった。

翌日の食卓、珍しく帰りの早かった父を交えて、くだんのバスタオルの話をした。

「ほんと、大変だったんだから。気持ち悪い」

「お母さんは、ほんと知らないんだからね」

大体の話を聞いた父は、

「お前、ほんとにタオル捨てたのか」

と不機嫌そうに言った。

「何よ。捨てたに決まってるじゃない。家からもっと離したいから、隣の町のゴミ捨て場まで持っていったわ」

「じゃなくて、お義父さんが亡くなったときだよ」

「……捨てたわよ」

「お前、使えそうなものをリサイクルに売るとか言って、俺に怒られたよな」

「……そうよ。怒られたから、捨てたわよ」

「ほんとだな」

「……ほんとよ」と母。そして間髪入れずに、

「嘘。ごめんなさい」とまた母。

「俺に謝ってどうするんだ」

「でも、お寺へ供養に出すんなら分かるけど、捨てるんなら売っても……」

「タオルなんか売って幾らになる。一円にでもなったか。何だ衣服なんかとまとめて売ったのか」

「うん。スーツとかあったから、まとめて」

「馬鹿だな。お義父さん、セコいの嫌いだったろ」

「うん……」

「俺達はそんなに金に困る家に住んでいるか？」

「ううん……ごめんなさい」

「だから。俺に謝っても違うだろ」

和子さんは両親のやり取りを固唾を飲んで見守るしかなかった。

どうも、父がタオルに蜘蛛の子を仕込んでおいたらしいことは、話から読み取れる。勝手に祖父の持ち物を売った母を戒めたかったのだろう。

しかし、幾ら教訓的な意味合いで母に注意を促そうとしていたとはいえやり過ぎ、いや正気の沙汰ではない。

無関係な娘が身体中に小さな蜘蛛を這わせる羽目になることを想像できなかったのだろうか。

「パパ、だからってあんな……酷いよ」妹が涙声で口を挟んだ。

「パパじゃないからな。パパじゃない」

「じゃあ、誰が」

母と姉妹は図らずも、文字どおり口を揃えた。

「……知るか。とにかく。セコいのはダメだ」

突然の家族会議は、とりあえずまた引き戸にあのタオルがあったら嫌なので開けるときは慎重に中を確認して、ということでお開きとなった。
以降、あのタオルを家の中で見ることはない。
そんな話だ。

# 犬

アパートでのこと。

ふと目覚めると、何者かの寝息が聞こえた。

布団は一枚のみで、掛け布団の中には自分しかいない。

寝息の主を探そうと電気を点けた。

部屋の隅、テレビの横に一匹の犬が縮こまって寝ていた。

（いや、犬って）

寝ぼけているのだろうか。

試しにテレビを点けると、いつもこの時間にやっているテレビショッピングが放送されていた。

犬はまだ寝ている。

（いや、犬って。マジで何）

考えてもしょうがない。

テレビも電気も消して、また寝た。

ろうと解釈した。

翌朝には犬は消えていた。

目覚めると犬の柄がまったく思い出せず、こんな風になるならば、やはり夢だったのだ

その五年後、結婚し、更に三年後、ローンを組んで建売住居を購入した。

新居に住んでから一度だけ、妻が「二階の廊下に犬がいたが、近付いたら消えた」と話したことがあった。

妻も犬の色模様の類はまったく覚えていなかった。

# 嗜《たしな》める

司君から聞いた話。

父が猫を拾ってきた。

飼うとも飼わないとも、家族の意見を聞くこともない父が、ペットフードと水を与えること三日。真っ白な猫はすっかり三島家のアイドルとなった。

特に母と姉はすっかり猫の虜で、食卓では「今日はこんな仕草をした」「ここが可愛かった」という類のことばかりを話すようになった。

可愛がることよりも、淡々と世話をすることに意義を見出したような父は、猫と戯れる姿がまったく見られない。

が、司君はと言えば。

猫の足音や爪とぎの音が気になって夜眠れない。

足元に絡みつく猫のせいで何度か転びそうになったのまでは許せるが、バランスを崩して持っていたスマホを階段で落とし、ディスプレイに罅《ひび》が入ったことに遺恨が残る。

そもそも家族ほど、白猫を可愛いとは思えない。

可愛いどころか、どこか気持ちが悪いとすら感じる。

白猫に見つめられると、何か良からぬことをするつもりなのではないかと、妙な疑いを覚えてしまう自分がいた。

白猫にはいつの間にか「トノ」という名前が付いた。


そんなある日、隣町に住む祖父が突然訪ねてきたかと思うと、あれよあれよという間に白猫の首根っこを掴んだ。

「これがダメなんだ」

祖父が猫の首を思い切り捻ると、プラスチックの棒が折れたような音がした。

家族の沈黙は、祖父の行動からではなく、絶命すると同時に黒猫に変わったトノの怪しさから生まれた。

「こんなもん、家に入れるな。俺はこいつのせいで最近悪い夢ばっかり見てたんだ」

祖父は家族を嗜めるようにそう言って、家から出ていった。

# 灰色の町

川崎省吾の家は青森県内某市の郊外にある。

以前は市の中心まで徒歩で難なく行ける一軒家に住んでいたのだが、祖父の死後すぐに両親が家を売却し、得た資金で新たに建てた場所がそこだった。

祖父が率先して「俺が死んだらこの家は売ればいい」と言っていた理由は、駅に向かう道すがら、嫌というほど横を通り過ぎるたくさんのシャッターにあった。

「これからの世の中、さびれるばかりの中心街など大してもったいないものではない。税金ばかり高くて何にもならん」

祖父は晩年まで賢《さか》しい人だった。

余計なことは話さず、自分の身の回りのことはできる限り自分で始末していた。

祖父が寝たきりになり、布団の中でじっと待つように天井を見つめている姿を見るのは辛かったものだが、ある朝眠るように息を引き取った祖父の姿からは、悲しみよりもむしろ羨ましさを省吾は感じた。

何の間違いもなくこの人は生きた。

省吾は祖父の半生を知らない。

だが、何故かそう見えた。


省吾の勤め先は、新居に近かった。

精密機械を製造する工場の事務で、仕事の殆どがデータ入力と書類整理、電話対応ばかり。

休憩も自由に取れ、肉体的にも精神的にも殆ど苦労のない勤めなのだが、給料はすこぶる良く、残業や手当が多かった月には休憩一時間厳守で過酷な単調作業をするライン製造と比べて、倍以上の額面を貰っていた。

家を出て目の前にある大きなパチンコ屋の駐車場を抜けると、住宅街の私道が近道になった。

そこから大通りに抜け、青信号の時間は異常に短い横断歩道を渡った先にある田んぼ道に入ると、先に工場が見える。

父は仕事場のある隣の市まで毎朝車で行き、省吾は徒歩か原付で工場に向かうのが常だった。

通勤時、工場の門をたくさんの同僚とともに通り抜ける。

ごく稀に、挨拶を交わす程度には仲の良い製造の工員と会うのだが、殆どの場合、知らぬ顔に囲まれる。

入れ替わりの激しい工員達の顔と名前を覚えるのはままならない。

十代、二十代の工員からはどこか爽やかな雰囲気を感じるが、三十代を超えると急に陰気さが漂う輩が増える。

彼らが事務職員に向ける目には何か好まざるものがあり、省吾は恐らくは給料格差からくる妬みなのだろうと判断していた。

自然、こちらからも寄りそう気は起こらない。

高卒の大手精密機械製造会社の事務職がエリート扱いされることに違和感を覚えてはいるが、口に出すとなお一層の妬みを買ってしまいそうだ。

淡々と粛々と仕事をこなし、頂いた金でたまに学生時代からの友人達に酒を奢《おご》る。

そうやって日々が過ぎていけば、何も問題はないのだ。

その日は、機械の異常で午後のラインがストップした。

メンテナンスと製造を兼ねた社員から、冷却装置の一部にあるナットが劣化して水漏れが止まらなくなったと聞かされた。

通常、ラインが止まっても事務職に関係することはないのだが、何故かその日は総務課

の次長がわざわざ事務室まで来て、

「みんな帰るからお前らも帰ればいい」

と言った。

机の上の書類に急を要するものが見当たらないことを確認した省吾は、言われるままに帰宅した。

家に帰ると、母はまだスーパーのパートから戻っていなかった。

昼用に買っていたコンビニの菓子パンを食べてから、昼寝をしようと自室のドアを開けた。

見間違えようもないほど、はっきりとその姿はあった。

部屋の中に祖父が立っている。

祖父はテレビの前にある脚の短い丸テーブルの上に立って、こちらを見ていた。

「じいちゃん」

生前とまったく変わらぬ姿でそこにいる祖父に、まるで既に亡くなっていることを忘れたように声を掛けた。

祖父はと言えば、孫の呼びかけに表情一つ変えず、直立不動でテーブルの上から省吾を見下ろしている。

「じいちゃん。何」

何の用。

まだ、頭の整理が付かない。

ああ、この人はもう死んでるんだ。

じいちゃん、何の用。

何で死んでいるのに出てきたの。

その文言が頭に浮かんで、やっと事態の異常さを飲み込めた。

だが、その頃には祖父は消えていた。


その晩、夕食での会話。

「親父。今日じいちゃん見た」

「おお。そうか。化けて出たか」

「……よく分かんないけど。何で出てきたのかな」

「さあな」

祖父を見た翌日の天気は悪く、寝つきが悪かったせいもあり、すっきりしない朝を迎えた。

傘を差して、灰色の郊外を歩いていると、猛烈に仕事をサボりたい衝動に駆られた。怠い身体をどうにか工場に向け、どうせ楽な仕事なのだから、と自分を抑える。

タイムカードを押して事務室に入ると、見慣れない若い女が所在なげに立っていた。

「おはようございます」と女。

「あ、ども」

ジーパンに黒いTシャツ。

紫色のカーディガンを羽織った茶髪のその女は、濃い化粧の割に唇の色が淡く、どこか垢抜けない印象があった。

女は気まずそうに課長の席の傍でもじもじするも、当の課長の姿はない。

何か用事があってここにいるのだろうが、気を利かせて声を掛けるほどの甲斐性を省吾は持ち合わせていない。

パソコンの電源を点けて、届いたメールをフォルダに仕分けていると、課長が出勤し、ほどなく女を皆に紹介した。

「アルバイトで今日から来てくれる木村カナコさんだ。当面は年度末に向けての打ち込み作業をしてもらう。無事、年度の締めが終わってから何をしてもらうかは未定」

緊張した面持ちでカナコはペコリと頭を下げた。今の所、野暮ったさはあるものの素行悪くない。

「川崎。お前の隣の席にノート一台置くから、そこカナコさんと一緒に片付けておいて」

男ばかりの事務室に紅が一点付くのも良いものだ。

単調なデータ入力に辟易《へきえき》した昨年度末の反省からの登用だろう。

が悪そうな印象はない。


一週間ほどカナコと机を並べて仕事をすると、二十代半ばという年齢の近さも相まって二人の仲は深まる一方だった。

仕事帰りにタクシーを走らせ、中心街の飲み屋で酒を呑んだのは知り合って一カ月後。

職場公認で男女の交際が始まったのは、それから間もなくだった。

「ただいま」

家に帰ると、カレーの匂いが漂っていた。

省吾は「お、いいね」と母親に聞こえるよう大きな声を出し、二階の自室へ向かった。

「あ」

階段を上りきると、廊下に、祖父の姿。

祖父は今まさにドアノブに手を掛け、省吾の部屋に入らんとしていた。

「じいちゃん！」

ごく短い距離を小走りし、祖父の後を追うように部屋に飛び込んだ。

カーテンを閉じた部屋の中は暗い。

ドアの横にある電灯のスイッチを入れる。

「え？」

部屋には祖父の姿はなく、代わりに工員服の男がテーブルの上に立っていた。

「……誰」

浅黒く、恰幅の良い体つき。

既にこの世にいない祖父がいるならば、それはそれで問題はあるものの、まだまし。法的な問題はないように思える。

しかし、見知らぬ工員が部屋にいるとなれば、話は相当に違う。

不法侵入だ。

「お母さん！　警察！」

階下に向けてそう叫んだが、反応はない。

テーブルの上の男は、こちらが大声を出したことに驚いたのか、口を開けて目を見開いた。

「ああああああ」

喉の奥から振り絞るように男は声を出した。

「ああああああ」

そして、声だけ残して姿を消した。

ああああああ。

省吾はその声に強い嫌悪感を覚え、耳を押さえた。

「母さん！　さっきのなし！　警察はなし！」

もう一度階下に呼びかけたが、聞こえていないのかやはり反応はなかった。


この一件を家族はまともに取り合ってくれなかったが、カナコは思いの外、真剣に話を聞いてくれた。

特に「工員の男」という言葉が出たときには、口を押さえてぶるりと身体を震わせさえした。

「それってさ、お化けだよね。お化けが出たってことでしょ？」

「う。うん。じいちゃんはお化けだと思うんだけどさ。死んでるし。あの工員は何なのか……」

「でも、いきなり消えたり、そんな声出したりするんだから、絶対に普通の人間じゃないじゃん」

「ま。まあ。うん」

カナコは下を向いて溜め息を吐いた。

「……怖くないの?」

「怖いけど、どうしたらいいのか分かんないし」

見間違いかも。

……とでも言えたら、楽なのだが。

「お祓いでもしたらいいんじゃないの?」

「いや、そういうのはちょっと……。そこまでしなくても」

そんなことをしたら、これまでの普通の人生が台無しになってしまう。

なるべく当たり障りのないように生きていきたいというのに、お祓いなんかもってのほかだ。

そんな思い出はいらない。

「もう」

「いや……まあ」

カナコは身をすくませて、煮え切らない彼氏から目を逸らした。

その後は何事もなく日々が過ぎ、数カ月も経つとやはりあれは気のせい、疲れからくる幻覚の類だったのではないか、と省吾も納得しかけていていた。

仮に悪戯に現れては消える祖父や見知らぬ男を自分が確かに見たとして、今のところ実害と呼べることはない。

両親が訝しみ、カナコが怯えたのも、見たからではなく、自分が見たことを話してしまったのが問題な訳で。ならば、今後再びそれを見たとしても、黙っていれば誰にも影響を与えることなく、やり過ごせる訳だ。

自室で横になっていると、よくあんなことがあった部屋で寝られるな、と省吾は我ながら思った。

だが、もし慄《おのの》いて寝床を変えてしまったら、何か人生の全て、世界の全てが変わってしまうような気がする。

死んだ人が出てきたり、見知らぬ者が突如現れたり消えたりする世の中などあってはならない。

自分が騒ぎ立てると、世の秩序が乱れてしまう。

大体のことは時間が解決してくれる。

この先も、延々とあんな出来事が起き続ける訳がない。起き続けたとしても、そんなものは知らない。

起きても、黙ってやる。

絶対に黙ってやる。

「省吾君。ちょっと」

出勤するなり、カナコは深刻そうな顔で声を掛けてきた。

「電話でも良かったんだけど、ちょっとマジな話だから」

別れ話、という雰囲気でもない。

「あ、じゃあ事務所から出ようか」

「うん。そのほうがいいかも」

二人は事務所の裏側にある中庭のベンチに腰を掛けた。

週の半分は一時間ほどの残業がある省吾と違い、アルバイトのカナコは定時に仕事が終わる。

昨日もカナコは先に退勤した。

女性工員と違って私服のままで仕事ができるカナコは、事務所を出てまっすぐ門に向かった。

薄い雲のせいで時刻の割にはずいぶんと暗い夕方だった。

門に近付くと、一人の工員が守衛所の横に立っていることに気が付いた。

気にも留めずに横を通り過ぎようとしたが、その工員から強い視線を感じて、思わず顔を上げる。

男は浅黒い顔でこっちを見ながら、ニタニタと薄笑いを浮かべている。

〈気持ち悪い〉

思わず嫌悪感丸出しで顔を背ける。

男の視線を背中で感じながら、駐車場に向かった。

道路を渡ってしばらくしてから、一度振り返って男の様子を見た。

男はまだ同じ場所にいたが、もうこっちは見てはいないようで、上を見たりズボンを手ではたいたりしていた。

車で帰路を走るとほどなく、路側帯に立ち身体をこちらに向ける男をヘッドライトが照らした。

男は挙げた右手をこちらに振りながら、またニタニタと笑っていた。

カナコは目を見開きつつ、男に気が付いていないふりをした。

「マジで気持ち悪くてさ。ほら、言ってたじゃん。工員が部屋にいたって。あの話を思い出しちゃって」

「ああ。うん。でも、カナコが見たのはただの気持ち悪い変態工員でしょ。俺が見たのは何ていうか……」

あの男のことはあまり口にしたくない。

「……他人だとしても、私を見てたその男はここの工場にいるってことだよ。また一人のときにあんな風に見られたり、手を振られたりしたら……」

「だよな。参ったな。どうすればいいんだろう。見つけるったっても、人が多すぎて」

カナコはその男にまったく見覚えがないそうで、省吾はと言えば、勤務年数こそそこそこあるが、そもそも数多の工員達に興味がない。

もしかしたら該当しそうな工員と何度かすれ違っているのかもしれないが、思い当たる顔は浮かばない。

「あ。こうしよう」

「え、何」

「とにかく、その男がまた現れたら、すぐ俺に電話。俺、電話来たらすぐ事務所から出て、助けに行くから。どうせ一服すんのに何回も事務所から出てるんだし、別に問題ないじゃん」

「うん……うん……そういえばそうだね。昨日も電話したら良かったぁ……」

「こうなったからには俺が仕事終わるまで待っててもいいんだし。課長にはストーカー被害に遭ってるって説明すればいい。別に嘘じゃない」

カナコはよほど怯えていたらしく、目に涙を浮かべて感謝の念を口にした。

男だって屈強な工員にジロジロ見られたら緊張する。この辺りはガラが良いもんじゃない。何とかしてあげないと。

その日は残業がなかったので、二人は一緒に門を出た。

男の姿はなかった。


それから一カ月、二人は様子を見た。

なるべく一緒に帰り、時にカナコが一人で帰るときでも、別れ際に必ず何かしら警戒の合図を送りあった。

二カ月経つと、互いに緊張を緩めた。

たまたまだったのかもしれない。

クズ男がムシャクシャした挙句の出来心から行われた悪戯だったのかもしれない。

常に警戒するべきことではないのかもしれない。

そして三カ月が経つと、忘却が訪れた。

そのまま一年が経ち、カナコは正社員になった。


省吾の電話が鳴ったのは、深夜一時。

「どうした？」

「今、目の前にあの男がいる」

「すぐ行く」

場所はファミレス。

カナコは女友達と一緒にいた。

省吾は入店するなり、「うっ」と声が漏れた。

確かに男はいた。

見間違いようもない浅黒い顔の、あのテーブルの上に立っていた男だ。

しかし、服装がまるで違う。

「いらっしゃいませ」

男はウェイター風の制服を着て、こちらに軽く頭を下げる。

男はファミレスの店員だった。

「あの男……間違いないよ」

カナコの席に着くとすぐさまその言葉が出た。

「やっぱりそうだよね。あたしもあの男で間違いない」

「俺達に気付いてるのかな」

「そんな風にも見えないのよ。あたし達のほうをチラリとも見ないし」

カナコが向ける視線に省吾も合わせる。

確かに、男はドリンクバーの清掃をしたり、空いた皿を片付けるのに余念がなく、忙しなく動くばかりだ。

「印象が……大分違う」

「だよね。とても悪いことをする人には見えないわよね」

「帰ろ。気が付いてないだけかもしれないし。気が付かれたら困る」

省吾は二人を先に外に出し、他の客がレジでウェイトレスに会計をしてもらっているのを見つけると、その後ろに並んだ。

無闇にあの男と接点を持つ訳にはいかない。

そそくさと会計を済ませ、外に出る。

カナコの車がまだ駐車場にあるのを確認し、近付く。

「大丈夫？」とカナコ。

「ああ、やっぱり普通に仕事してた」

「工場はもう辞めたってことなのかな」

「もう、何が何だかさっぱり」

「だよね……」

「帰ろ。拍子抜け」

「うん」


省吾が家に戻ったのは午前三時前だった。

どっと疲れが出たせいか、時間帯にそぐわない足音を立てて階段を上がる。早くベッドに横になりたい。

ドアを開け、電気を点ける。

あの男が工員服を着て、テーブルの上に立っていた。

あの日の、あの感覚が戻る。
現実が溶けたような、あの感覚。
男は先ほどとは打って変わって、迫力のある形相でこちらを睨んでいる。
「ああああああ」
恐らくは、怒号。
腹の底から振り絞って出される、重低音。
いつからか省吾の身体は動かない。
「あああああああああああああ」
頭が割れそうなほど響くその声。
殺される。
きっとこの男に殺される。
まるで「生きたい」というスイッチを無理矢理オフにされるような声だ。
少しずつ自分の気が触れていく感覚。
もう、ここがどこかも分からない。
そのとき、男の後ろに、もう一つの姿が現れた。
その姿、見覚えあり。

じいちゃん。

テーブルの上に立って毅然《きぜん》とする祖父。

突如頭を抱える男。

「ああああああああ……」

声色に変化があった。

怯えの色だ。

祖父が男の背中をドンと押す。

男がテーブルから落ちると、そのまま床を透けて姿を消す。省吾の頭には奈落の底へもがきながら落ち続ける男の姿が頭に浮かんだ。

残ったのは祖父。

直立不動の祖父だ。

子供のとき、頭を撫でてくれたじいちゃん。

胡座を掻いた足の上に、座らせてくれたじいちゃん。

小さいぼくの顔を見ただけで、満足そうなじいちゃん。

「じいちゃん」

省吾が声を掛けると、祖父はゆっくりと瞬きをしてから、星に雲が掛かったように、その姿を隠した。

「ああああああああああああああ」

叫びながら厨房に突如飛び込んできた桑田は、その場にあった包丁で首をかき切った。

救急車がファミレスに到着した頃には、桑田は出血多量で心肺停止していた。

桑田のアパートにはカナコの写真が大量にあった。

警察が言うには、中にはカナコのアパートの室内が写った写真もあったという。

省吾の写真も幾つかあったが、全てマジックで顔を塗りつぶされていたそうだ。

警察はカナコと省吾が同日にファミレスを訪れていたことから、嫉妬に狂った末の自殺、という見方をした。

それで間違いない。

そういうことでいい。

いつだって、何だって起きる。

省吾の知っている顛末とは違うが、それぞれが出した結論のままでいい。

「じいちゃん」

部屋で一人きりのとき、省吾はたまに祖父を呼ぶ。

祖父は声も姿も見せないが、ずっと傍にいる気がする。

「じいちゃん」

# 辻占い

明子さんが友人の紘子さんと一緒に、渋谷に出かけた日のことである。

ウィンドウショッピングも良い加減に飽き、無言のまま何となく駅に向けて歩を進めていた。

不意に後ろから肩を叩かれ、振り返ったのは明子さん。

見ると、一目でホームレスと分かる風体の老婆がニヤニヤ笑いながら立っていた。

「あー。あんたは病気」

妙に上から目線で、明子さんにそう宣《のたま》う老婆。

いかにも辛うじて残りましたという具合の何本かの歯は、全て黒ずんでいる。

「あー。あんたは焼ける。近いうち」

老婆は紘子さんにはそう言うとくるりと踵を返し、歩み去っていった。

その数カ月後、紘子さんは隣家から出火した火事に巻き込まれ、大火傷を負った。

すっかり見た目が変わってしまった。

見られたくないから見舞いには来ないでほしい。

電話口でそう言われてから今に至るまで、明子さんは紘子さんに会っていない。

# 似たもの夫婦

仕事明け、妻と駅ビルへ外食をしに出かける。

駅の構内に入るなり、鼻を衝く異臭を感じた。妻も「臭っ」と吐き捨て眉を顰める。

どこかで下水のトラブルが起きている。飲食店からしたらかなり迷惑な話だ。「どうする？　ここで食べるの止める？」と妻に話しかけると妻は立ち止まり、

「臭いはあれのせいじゃない？」

と指差した先に、その男性はいた。

千切れそうな右手と折れ曲がった左足をぷらぷらさせて、笑いながらふらふら歩く、血まみれのスーツを着た男性。

「また、ああいうの見ちゃったね」

「ああ。たまに見るな」

夫婦は、昔から「ああいうの」が見える。

# イタズラ

弘前市鍛治町のスナックで働く美月さんからこんな話を聞いた。

「うちは家族みんながなんが《何か》ある」

聞くと両親祖父母とも健在で兄弟姉妹は自分も合わせて五人いる。

「これはあたしが中学生の頃の話なんだけど」


夕方、祖父が廊下から外の駐車場を見つめて何かブツブツと呟いていた。

「おめ。おらの車さイタズラするな！」

美月さんの顔を見るなり、祖父がそう怒鳴る。

「してねー《してない》はん《から》で！」

否定しながら、祖父と同じように窓から駐車場に目を向けると、確かに自分と瓜二つの少女が祖父の車のボンネットに乗って飛び跳ねていた。着ているジャージも背格好もまるで同じだ。

「へば《じゃあ》、あれ誰よ！」

「あたしはここにいる！　あれ、あたしじゃない！」

「あっ……おめぇ」

当然祖父は言葉に詰まる。

二人は、無言のままもう一度少女を見る。

そこにいるのはどう見ても美月さんだ。

しばらくすると、もう一人の美月さんは車から離れてどこかに去っていった。

# 見え方

仕事中でもプライベートでも、お構いなしに起きる。


まず目が霞む。

続いて辺りが白っぽくなる。

そのときは、幾ら目を擦っても治らない。

そして物の色が薄くなる。

完全に色が消える訳ではないし、周囲の人々もぼんやりとは見えているので、現実と地続きだということは実感できる。

少しすると、目も鼻もなく〈ただ黒い人たち〉が白紙に墨が垂らされたように現れ始める。彼らの動きはとてもゆっくりで、前衛舞踏を踊っているかのように、そこいらを気ままに動く。

片腕を上げたかと思うと、上半身を左右に振ったりする。

首が後ろに折れると、胸辺りから新しい顔が生えてくる。

土岐さんの瞼は役目を果たさない。

手で目を隠しても、ずうっと見えっぱなしだ。

土岐さんはなるべく黒の蠢きがある空間を見ないよう工夫をする。

自ら壁の真ん前に近付いたり、目の前にパソコンがあるならディスプレイに顔を寄せる。

そうするしか、見たくない光景から逃げる術がない。

側から見ると、その防御策が奇妙に映ることは百も承知で、変人と呼ばれることにはもう慣れている。

# むつ、二編

## 虫きり

疳《かん》の虫を鎮める神事で、「虫きり」というものがある。

ある、と偉そうに書いてはみたものの、この話を聞くまで、私はその言葉すら知らなかった。むつ市田名部町のバーで聞いた「虫きり」の話を一つ。

「虫きりってあるじゃないですかぁ」

明るい口調で話すのは、ある集落でいわゆる「カミサマ」の役割を果たしていた祖母を持つ女性、すぅちゃんだ。

「え。なになに」と私が無知を晒すと、バーのママも加わって私に虫きりの説明をしてくれた。どうにもピンとこないでいると、私の手のひらに、すぅちゃんが何かの形を人差し指で引き、「こういう感じでやる」とのこと。

後に調べたところ、虫きりの仕方は宗派や土地によりやり方は様々あるようだが、手のひらに何かする形式が多いのか、同席した青森の怪談愛好団体「弘前乃怪」代表の鉄爺さんも、「それそれ」と同調していた。

「それで、虫を切ると煙が出るんですよ」とすぅちゃんは続ける。

話が随分と飛んだように思えたが、恐らくはすぅちゃんが祖母が虫切りをする姿を何度も見ており、毎回煙を見るのだろう、と私は解釈した。

しかし、煙がどこからどう出るのか。

「それでね。大阪でお坊さんやってる人に会ったときに虫きりの話をしたら、やっぱり煙出るって」

「うんうん」と私は頷いてはみたものの、まだよく分からない。

「私は見えないんだけどね」と続いて、更に分からなくなる。

「親は〈ニョロニョロ〉って言うのね。煙じゃなくて、何か指先からイトミミズみたいなのが出てくるって。親は見えてるって」「それで、大阪のお坊さんは兄弟が何人かいるんだけど、全員が指から煙が出てくるのが見えるんだって」

虫きりの話はそうそうできないので、話が合って嬉しかったのだそうだ。

## きっかけ

さて、このすぅちゃんは竹書房刊の『恐怖箱 呪祭』収録の「むつ怪談紀行（或いは恐山奇譚群）」に登場している。

残念ながら〈ニョロニョロ〉は見えなかったが、自身は幾つも不思議な体験にあっている。一通り取材をした後、私が「ところで最近はどうなの？」と訊ねると、「もうずっとない」とのこと。

「いつから（不思議なことを体験することが）なくなったの？」


成人してからのことだ。あえて年齢は伏せる。

母と二人で部屋にいた。

いや、正確には二人と一匹。

猫を飼っていたのだそうだ。

何かの拍子にすぅちゃんが立ち上がると、猫が跳ねた。

が、跳ね方がおかしい。

四肢をピンと伸ばしたまま、宙を浮くようにすぅちゃんの目の高さまで垂直に飛んだ。

しかもまったく同じように計三回も。
母にその飛んだ様を教えたが「へえ」とだけ。
その日を境に、すぅちゃんは見えない、感じないようになったのだそうだ。

# ぼんさん

松田は昔アルコール依存症だった。「もう何年も酒を口にしていないが、依存症が治った訳ではない」とは本人の弁。

仕事のストレスから依存症になったそうだが、かつて何の仕事をしていたかは「秘密」。当時は未婚で、失職後に親の勧めでアルコール依存症の会に通っていたそうだ。会では、それぞれが自分とアルコールの関係を問わず語りする。

入会初日は強制ではなかったものの、松田も何かを話すように会員から促され、緊張しながら話したことを今もはっきり覚えている。

通い始めの頃は、会に参加することが嫌で嫌でしょうがなかった。

他人の独白は胸に刺さるほど重く、自分はこの人たちの仲間なのかと思うと、自己嫌悪を感じた。

せめてもの救いはとうに依存症が改善しているように思える会の先輩達の語りだった。

明るい未来を思わせる彼らの話をもっと聞きたくなると、依存症の会に対して段々と積極的になっていった。

もう少し我慢、もう少し我慢、と断酒を続けるうちに、会の効果を感じるようになった。会場となる区民施設が徒歩で行けるほど近かったのも良かった。


そんな矢先、妙な男が会に来るようになった。

短髪でスーツ姿のこざっぱりとしたその男は入会初日、ハキハキと「もう酒は止めたい」という旨のことを話した。それ自体は別に悪いことではない。むしろ、元気なのはいいことだ。だが、やたらと馴れ馴れしく他の者に話しかけるのは問題だった。

依存症の会は殆どの者がプライベートを隠している。明かしたければ明かしても良く、現に何人かの古株は本名すら皆に伝えていたが、基本は誰もが愛称で呼びあい、個人情報を詮索する真似はしない。

にも拘わらず、マッキーと自称したその若い男は、会が終わると「駅はどこで降りるんすか？　一緒に帰りませんか？」「ぼく、釣りが趣味なんすよ。今度一緒に行きませんか？」などと、誰彼構わず話しかける。

誰かがマッキーに注意をしたのか、数回目の参加の頃には目に余る行為はなりを潜めたが、それでも他の参加者と比較すると、随分と馴れ馴れしい態度ではあった。

その日、マッキーは大きな箱を持って会にやってきた。

そして、はいはい、と大きな声を上げて挙手をし、話し始めた。

「私、最近はピタリと酒を呑まなくなりました。もちろん、会の皆さんのおかげです。それと、これは信じられないかと思うのですが、この壺を買ってからの成果がとても大きかったのです」

言いながらマッキーは箱を開け、深緑色の壺を取り出す。

誰もが溜め息を吐いた。

「やっぱりなぁ」と誰かが諦めたような声を出した。

「出てけ出てけ」と怒号を飛ばすものもいた。

だが、マッキーは動じずに続ける。

「いや、違うんです。ただ壺の効果があったということを伝えたいだけです。買ってもらおうとか、そんな気はありません。教えたかっただけです」

何故この否定的な雰囲気の中、ここまで得意げに話せるのか分からない。

「ほんと、ただそれだけです。ということで、壺は仕舞います」

そう言って、マッキーが壺に手を掛けようとすると、

「ふざけるな！」

と野太い声が響いた。

声を出したのは、古株。あだ名は「ぼんさん」だった。

ピシピシと音が響き、壺が粉々に割れた。

マッキーは「ああー。何するんですかー」と情けない声を出すものの、誰も壺に触れてもいない。

「ああー。ああー」

パニックに陥ったマッキーは壺の残骸を残し、逃げるように会場を出ていった。

参加者は目の前で起きたことにしばらくどよめいていたが、皆で割れた壺の破片を片付けているうちに、かつてないほど和やかなムードになった。

「ぼんさん、流石はぼんさんだね」

「偶然だよ偶然。知らない知らない」

ぼんさんは「流石はぼんさん」に照れたようだ。

それこそタブー行為なのだが、その日は会に対し特別な一体感を覚えていた松田は、隣にいた参加者に、

「ぼんさん、何者なんすか？」

と訊ねた。

「ああ。ぼんさんね。あの人、坊さん。どっかの寺の住職なんだよ」

訊ねられた男は笑いながらそう答え、

「何か、凄いよね。こんなことあるんだね」

と続けた。

# こっちゃ来いへ

部活からの帰り、農道を歩いていた。

もう辺りはすっかり暗く、農道の周辺には電灯の類は一つもない。

それでも、目が慣れれば月と星の明かりだけで十分にまっすぐに進める。

昔からずっとこうなのだ。

「おお。カズキや」

前方から声を掛けられ、びくっと身構えた。

「誰？」

「アッシのじっちゃ」

目を凝らすと確かに幼馴染みの祖父だった。

「おめ、危ねはんでこっちゃ来いへ《危ないからこっちに来なさい》」

「あ？　危ねって何が？」

「まあ、いいはんで《いいから》こっちゃ来いへ」

穏やかな声音。

カズキは素直にアッシのじっちゃに近付いた。

「どしたの？」

「ほれ、あっち見てみろ」

アッシのじっちゃは田んぼに顎を向けた。

誰かの影が田んぼの中をふらふらと歩いている。

誰だから分からないが、あんな闇雲に漂っていては、靴もべちゃべちゃに濡れるし、折角の稲もめちゃくちゃになるだろうに。

これだから酔っ払いは嫌だ。

「あれ誰《だ》だんず？　あれだばまいねべ《あんな感じはダメなんじゃないかな》」

「あれが。あれは誰でもねぇ。そのうぢ消えるべ」

「誰でもねってば何だっけ？　あ……」

近付くとその影は、影ではなくなった。

顔半分が抉《えぐ》れた女。

髪は腰よりも長い。

両腕を上げたり下げたりしながら、こちらに向けて歩いてくる。

「黙ってりゃ良い。おら、数珠持ってら《じゅず持ってるから》はんで、大丈夫だね」

「こ、怖ぇじゃ……」

「大丈夫だね。生きてりゃこういうのもあるはんでな、勉強だ」

女はゆっくりと農道に近付いてきたが、突如くるりと逆を向き、またふらふらと歩いていった。

また影になり、影は闇に溶ける。

「帰るが」

「う、うん」

アツシのじっちゃの腕にしがみついて、カズキは農道を抜けた。

# 怪談実話「創・作・怪・談」

昨今の青森県は本当に怪談が盛り上がっている。

怪談社の青森市公演も満員。

私が所属する「弘前乃怪」（鉄爺怪長）が主催した、ありがとうぁみさんの弘前公演もチケットがあっという間に売り切れた。

その両公演に来場していた怪談マニアの若者から、こんな話を伺った。


友人と自室で怪談話をしていた。

こんな話はどうだ。

こういう話もあるぞ、と互いに怪談話を披露していたのだが、長時間続けるうちにネタが尽きてくる。

「よし、へば《じゃあ》、わぁ《俺》が作り話で怪談するはんで《から》、おめ聞いてろ」

「ああ、いいね」

ある晩のこと……。

何だか怖いな怖いな、なんて思いながら……。

大仰に声色を変えながらアドリブで怪談をこしらえる。

友人も有名怪談家のモノマネに大受けだ。

これはこれで楽しいじゃないか。

二人で盛り上がっていると、妹が凄い剣幕で部屋に怒鳴りこんできた。

「あんたたち！　怖い話してるべさ！」

折角、楽しんでいるのに水を差す……それ以前に、何で怖い話をしていると分かったんだろう。

「お兄ちゃんの部屋がら、イヤな感じしてる！　それにあんただちさ！　嘘の話してるでしょ！」

「う、うん。してるばって《けど》……」

「お化げ、怒ってるよ！　お化げ、そごさいで《そこにいて》、睨んでるよ」

妹は部屋の上方隅を指差し、お化けがそこにいる、と凄む。

「んん。おらんど《俺達》さは見えねえけどな。んで、おらとば《俺を》睨んでるのが？」

「ううん、睨んでるのはあんた」

次に指差すのは、作り話をしていた兄ではなく、ただ話を聞いていた友人のほうだった。

「……バレだが」

友人はその日、ずうっと作り話の怪談を披露していたのだそうだ。

# スカート

派手な服装の女が朝の電車に乗っていた。

メイクはすっかり浮いてしまい、気怠げな表情はいかにも夜遊び帰りという風体だ。

女はイヤホンをしながらスマホを操っている。

出勤ラッシュ前の席はぽつぽつと埋まっていて、立っている者は座りたくないから立っているにすぎない。

「うわぁ！」

乗客の男の一人が大声を上げた。

見ると、女のスカートから無数のミミズのようなものが飛び出していた。

「うおおお」

こんなものを見たら、声を上げて当たり前だ。

だが、自分とその男以外は誰も声を上げない。

当事者の派手な女ですら、いかにも「はぁ？」という表情をしている。

女のスカートに、ミミズがススッと戻っていく。

席は離れていたが、男に同調の意を表すため、目配せをした。
男は、うん、うん、と目を見開いて頷いた。
二人で立ち上がり、女から目一杯離れた車両まで移動した。
あえて男とは会話を交わさないようにした。

# まんまる

霊感とかはないけど、変なものなら見たことあるよ。

内藤さんは、そう前置きをして話し始めた。

十代半ばの頃、何かの用事で白昼の街中を一人歩いていた。

そこそこに人通りがあったので恐らく週末か休日だったのだろうと、内藤さんは回想する。

歩道を行き交う人々を横に避けたり追い越したりしながら、歩いていた。

「あっ」

と、歩道の真ん中に仁王立ちする男に出くわし、躱《かわ》し切れず立ち止まる。

右に避けようか左に避けようか思索するべく、改めて男の顔を見る。

男の顔はまんまるだった。

目鼻口も耳もあったのだが、眉毛、髪の毛は一本もなく、肌はつるっとしている。

まんまるの顔は膨らんで倍ほどに大きくなったり、萎《しぼ》んで半分ほどに小さくなったりしている。

球体の風船みたいだ。

恐らくは病気なのだろうと判断し、内藤さんはすっと目を逸らしつつ、一方へ身体を避けて追い越した。

あんな病気もあるんだな。可哀想に。

そのときはそう思ったのだが、大人になるにつれ、〈変なものを見た〉思い出に変わっていったそうだ。

# までまで

竜司さんの小さい頃の記憶。

青森県藤崎町の集落の外れにある小さな商店へ向かう途中にその神社はあった。

神社は田んぼの中にポツンと建っていて、道路沿いの神社がある一方には小川が流れていた。

神社の鳥居を潜るためには小さな板ばりの橋を渡らなければならない。

「まで《待て》まで《待て》。おめ。そっちゃ行げばまいね《そっちに行ったらダメだ》」

まだ小さい竜司さんが橋を渡ろうとすると、両親がそう言って止める。


結局、あの神社には参らず仕舞いだったな。

と、不意に思い出したのはつい最近のことだ。

しかし、回想にはどこかチグハグな部分がある。

年端もいかない頃の朧気な記憶とはいえ、確かに神社があったことは覚えている。

だが、少年から青年、その後、進学のために集落を出るまでに至る記憶の中には、神社がなく、ただあの道には小川と田んぼだけがある。

かつて何度も帰省しているが、そこに神社はない。

あの神社は自分が小さい頃に潰れたのだろうか。

今となってはどうでもいいことなのだが、何故か妙に記憶の齟齬《そご》が気になった竜司さんは、実家に電話を掛けた。

「なもや《違う》。最初っから、あの道には神社も橋っこもねぇね《ないよ》」

父はそう言った。

「あ？　んだ？　覚えでねえのが？」

「なもや《違う》なもや《違う》。おめだっきゃ《お前は》、むったど《何回も》死んだわらし《子供》さ呼ばれでだんだね。おらんど《俺達》、おめとば《お前を》止めるの大変だったんだど」

聞くと、当時ちょうど竜司さんと同じくらいの年頃の女の子が、小川に落ちて亡くなる事故があったのだそうだ。

事故現場の横を通るたびに、何度静止しても竜司さんがふらふらと小川に歩いていくので、両親はその都度食い止めたものだが、数カ月もしたら何ということもなく手を引かれるままに素通りするようになったとのことだ。

父は続けて〈その頃、神隠しにあっていなくなった男の子がいて、その子が竜司さんの身代わりになってくれた云々〉を話し出したが信憑性が薄く、あまりにもくどい語り口だったため、何を話していたかはよく覚えていないそうだ。

# 夢は夜ひらく

孝三の両親が、毎年盆と正月に「武彦ちゃんが来るよ」と予告する。

そして、その日が来ると武彦は両親とともに姿を見せる。

従兄弟の武彦はあまり喋らない男の子だった。

夕方に再放送されるアニメを観て微笑んだり、食卓に並んだ苦手な野菜を見て口元を曲げたりと、感情を表すことはほどほどにあったのだが、その場面場面に何か一言付け加えることは殆ど皆無だった。


孝三が武彦と遊んだ一番古い記憶は幼稚園の頃であったが、恐らくはもっと以前から会っている。

武彦は父の兄、和之伯父さんの一人息子で、孝三と同い年だった。

彼はいつも孝三を見つけると、従者のように傍に近付き、物言わぬまま、まるで「これからどうする?」と問いかけるように孝三の目を見つめた。

孝三にとって、自己主張のない武彦と一緒に遊ぶのは、それなりの気遣いを要する学校の友達と一風違い、楽しいものだった。

武彦は、孝三と正反対の見た目で色白、痩せぎす。肩幅の狭さがいかにも繊細そうに見えた。

武彦には寛容なユーモアセンスがあり、水たまりを強く踏んでしぶきを掛けたり、手の甲にマジックで落書きをする程度の悪戯をしても怒ることはなく、むしろ楽しんでいるような素振りを見せた。

武彦が帰宅してしまうと、いつまでも彼と遊んでいたかった孝三には強い喪失感があった。恐らく武彦も同様の感情を持っていただろうことは、別れ際に彼の目を見ると分かった。

孝三が大学進学のために上京するまで、武彦との付き合いはあった。

歳を取るにつれ、遊び方は変わっていき、孝三が宿題をしている間、後ろで武彦が漫画を読むだけの日もあれば、二人で街へ赴き、映画鑑賞をしたりゲームセンターに行く日もあった。

依然として武彦は無口だったが、著しくコミュニケーション不全に陥らない程度、孝三が彼の声がどんなだか忘れない程度には言葉を発した。

高校三年の正月、上京後も今までと変わらずに武彦と会えるのだろうと思っていた孝三は、これと言って改まった挨拶を交わさず別れの手を振り、それが武彦との最後となった。

後で聞いたことだが、武彦は高校卒業後、進学をせずに図書館でアルバイトをしていたそうだ。

孝三は大学生活が思ったより忙しく、入学後帰省するタイミングを逸したままだった。

大学三年に進級した年の夏、武彦と彼の両親はこの世を去った。

葬式や通夜の場で、大人達がひそひそと話す言葉から、何が起きたのかを知った。

一家全焼の火事。

借金苦による無理心中。

そういうことだった。

通夜の席ですっかり悪酔いした孝三の父は、兄夫婦の事情で無関係に巻き込まれた武彦の不憫《ふびん》さを強い口調で露わにした。

「あいつらには何度も何度も金を渡したんだ。はなから返す当てがないことは分かってた。武彦ちゃんがいたから。武彦ちゃんに金を渡すつもりでいたんだ。それが何だ。結果こうなるんだったら、俺のやったことは何だったんだ。畜生が」

それまで、武彦の両親は孝三にとって謎めいた存在だった。

武彦の父が職を転々としていたことや、武彦の母が軽度の鬱《うつ》病を患った専業主婦だったことも、彼らがいなくなってから知ったことだ。

思えば、伯父さん夫婦から小遣いやプレゼントの類を貰ったことがない。

子供二人が外出するときには、いつも父が小遣いを与えていた。

孝三は、まだ若い自分がいるにも拘わらずあれこれを語る親戚達の姿から、恐らく自分が彼らから大人として扱われているのだろうと察した。

幼馴染みの喪失に纏わる様々がまるで悪い夢だったかのように、大学生活はその後もつつがなく続き、卒業後、孝三は都内の商社に就職した。

そこそこの給料を貰っていたため、都心にあるアパートでの一人暮らしは快適だった。

武彦の死後、自分の恵まれた環境を感謝する思いが頻繁に湧き立つようになった。

両親は、ときどき頓珍漢な物言いこそするものの、昔からしっかりと一人息子のサポートをしてくれている。

大学で知り合った友人知人が語る家族に対する悩みを耳にするにつけ、比べて自分は随分と良い家族を持っている、と思った。

就職から一年後の盆に、帰省した。

「ただいま」

「おかえり」と母の声。

夕飯を済ませた後、両親と瓶ビールを注ぎあい、気が付くと深夜一時を回っていた。

「そろそろ、俺、寝るね」

「おお。そうだな。うん、まあ元気そうで良かった」

両親とこのように呑み交わしたことに対する照れが急に湧き出し、孝三は背を向けてから「おやすみ」と言った。

今思えば、家族三人で酒を呑んだことは今まで一度もない。


その晩、武彦の夢を見た。

夢の舞台は地元の郊外にある百貨店のアミューズメントフロアで、二人は騒がしく鳴るゲーム機の間を縫って、エレベータに向かっていた。

恐らく、家に帰る頃合いなのだろう。

エレベータに着き、逆三角のボタンを押そうとすると、武彦がぐっとその手を掴んだ。

その行為にどんな意図があるのか確かめるために、武彦のほうを向く。

武彦は相変わらず何も言わず、何度も見せたあの目でこちらを見ていた。

帰りたくない。

帰りたくないよ。

「ん？」

帰りたくないとしても、帰らないといけないだろう。

いつまでも遊んではいられないのだ。

孝三はボタンを押そうとしていた手を下げ、武彦を振り返った。

すると、武彦の両の眼球が赤く染まった。

彼の背後にあった、たくさんのゲーム機の眩《まばゆ》い光はいつの間にか消え、二人は漆黒の中に立っていた。

赤い二つの目が闇の中に浮かぶ。

ああ、これは夢だ。

悪い夢か。

何て悪い夢だ。

そこで、目が覚めた。

時計を見ると、まだ一時間も寝ていないことが分かった。

物音がするので一階に下りると、母がテレビの前のソファで缶酎ハイを呑んでいた。

「あら。お母さん、何か眠れなくてさ」

「俺はちょっと夢見て目が覚めちゃった。武彦が出てきてさ」

「武彦ちゃん……ね。夢でも会えて良かったじゃない。仲良しだったんだから」

母は両手で持つ缶から目を逸らさずにそう言った。

「疲れてるのかな。途中から変な夢になっちゃって。目が赤く光ってて怖かったよ。怖い夢だった」

「へえ」

母はまだこちらを見ない。

「赤い目ってさ。それ、伯母さんも言ってたよ。まだあんた達が小さい頃にね」

「え？　何の話？」

「武彦ちゃんの赤い目の話よ。怖い目で睨むって。『白目も黒目もなく、真っ赤になってこっちを睨む』って、伯母さんが言ってたのよ」

母の顔は今まで見たことがないほどに紅潮し、目尻も随分と下がっていた。かなり酔っているのだろう。

「あそこの家はねぇ。ほんと、ダメな家。何回も赤ちゃん堕ろして、やっと生んだと思ったら、子供の目が怖いとか騒いで。しょっちゅう夫婦で喧嘩して、借金作って。うちから金借りて、最後にはあんな風に逃げた」

「母さん……その話、俺は聞きたくないな」

「あんた……もう大人なんだから……母さんだって誰かに言いたいんだひ……はなひたひ」

母は急激に呂律《ろれつ》が回らなくなり、そこまで言うと、後に寝息を続けた。

このような母の醜態を目にするのは初めてだった。

部屋に戻ったがもう一度眠れる予感もなく、スマホを弄って時間を潰した。


朝方になるとようやく耐え難い眠気に襲われ、空腹で目を覚ますと昼過ぎだった。

「あれ。父さん今日休み？」

「あー。休みだ。そんなしょっちゅう仕事してられない。身体が持たないよ。お前こそいつまでいられるんだ？」

「まだ二、三日はいるつもり。盆休みはしっかりとっても良いって部長も言ってたし」

「それならゆっくりしていけ。孝三、今から鰻でも食いに行くか。母さん、まだ寝てて起きそうもないから。二人で外に出ちまおう」

父の運転でレストラン街がある駅ビルに向かうことになった。

何か街並みに変化があるかと期待して外を眺めたが、元々何があったか覚えていないような場所がコインパーキングになっていたり、若い頃から興味がなかったブティックが閉店していることを確認しても、さしたる感慨はなかった。

「変なことあってさ」

嫌な思いをした昨晩のことを素直に話そうとしている自分に驚く。

気になることを父に吐き出すなんて自分もまだまだ子供だ。

「夢の中で武彦の目が赤くなってたって母さんに言ったら、母さんさ……」

「武彦ちゃんの赤い目の話か。父さんもそれ聞いたことあるぞ。和之もそれ言ってたから」

和之。武彦の父。

孝三は自分の奇妙な話に別段戸惑う様子もなく受け入れる父に驚きを隠せなかった。

「和之伯父さんも？」

「うん。赤い目で睨むときがあるって。罪悪感があったんだろ。自分がちゃんとしてないから、そんな風に見えたんじゃないかな」

「でも、俺は夢で」

「それは夢だからな。たまたまだろ」

話し終える前に父は吐き捨てるように言った。

「気にするな。お前は悪くない。いっぱい遊んでくれて武彦ちゃんは喜んでいたんだ」

毅然とした態度を装っているが、ハンドルを切りながら首の角度一つ変えない父の姿には緊張が見て取れた。

これも昨晩の酔った母と同じく、孝三に馴染みのない様相だ。

「父さんはもちろん見たことないよね。その赤い目」

父は今初めて横に息子がいることに気が付いたように、慌てて孝三に顔を向けて言った。

「ないさ。ある訳ないだろ」

「だよね」と孝三。

「夢の中で、どんな風に赤かったんだ？　赤く光るのか？」

「ううん。顔に埋まった二つの赤いゆで卵みたいな。眼球全体が赤くてツルッとしてて」

「……そうか。でも、武彦ちゃんと会えて良かったじゃないか。武彦ちゃんも挨拶したくて夢に出たんだろうな」

「ううん。まあ。ね」

孝三は何故か「酷い悪夢だった」とは言えなかった。

駅ビルで鰻重を食べた。

帰路の車中で、親子は黙ったままだった。

家に帰ってからは何とか武彦のことを頭から追い出そうと、音楽を聴きながら、コンビニで買った雑誌を読んで過ごした。

たまにイヤホンを外すと、部屋の中が妙に静かに感じられ、心がざわついた。

まるでまだあの夢の中に自分がいるような錯覚があった。


東京に戻ってから、ほどなくして人事異動があった。

孝三は、定年退職する社員が異例の数だったという理由から主任に昇進した。

すぐに会社を辞めていった新入社員数人の穴を埋めるため、ひたすら長時間の仕事をこなす。

合コンで知り合った女性との交際が始まると、プライベートもすっかり忙しくなった。


父から電話があったのは、最後の里帰りから五年を経た頃だった。

「孝三、お前ちょっと帰ってこい」

父は急き立てるような口調でそう言った。

「困ってるんだ。母さんが大変でな。詳しいことは帰ってきたら話す」

と言われ、孝三は家族の緊急事態に怯えた。

すぐさま母が急病に罹ったと上司に連絡し有休を取った。

実家に戻るなり、深刻な表情の父に促され、居間のソファに座らされた。

孝三はこれから何を聞かされるのだろうと緊張しながらも、父が無言で差し出す缶ビールがどうにもこの場にそぐわないのではないかと訝しんだ。

「悪いな呼び付けて。仕事はどうだ？　うん。まあ……いいか。呑んでいいから。気楽に。父さん、今から変な話するから、まあ聞いてくれ」

「うん……」

離婚話か借金問題、両親のどちらかが死に至る病気に罹った。

孝三はそういったことが告白されることを覚悟した。


「あなた。あなたってば……」

三カ月前の夜、孝三の父、昭彦は妻の咲子に身体を揺すられて目を覚ました。

「……どうした？」

「誰かいるのよ……。さっき階段から足音が……」

夫婦の寝室は一階にある。

昭彦は「ええっ……」と声を上げてから耳を澄ました。

「うん……音、するな。二階だ」

「泥棒だよね。絶対、泥棒だよ。警察に電話しなきゃ……」

「待て待て。とりあえず俺が見てくるから」

「ええ。駄目だって。あなた襲われたらどうすんのよ」

「シッ……こいつ、孝三の部屋にいるぞ。真上から音がする」

口元に人差し指を置いたまま、昭彦は静かに寝室を出た。

格闘の腕に覚えがある訳ではなかったのだが、ずけずけと家に入り込み、愛息子の部屋に侵入した輩に、怒りを抑えられない。

忍び足で階段を上がる間に、物音は止んだ。

孝三の部屋のドアの前まで来ると、妙な静けさのせいか少し及び腰になる。

武器の一つでも持っておけば良かった。

中に誰かいたとして、俺はどうすればいいんだ？

「キャア！」

寝室から咲子の叫び声。

「あああ！」

パニックに陥った和彦は、大声を出しながら階段を駆け下り、寝室に飛び込んだ。

「咲子！」

妻は目を見開いたまま、布団の上で正座していた。

「……た……ちゃん……たけひこちゃん……」

「ええ？」

「目が赤くて、武彦ちゃんで、飛び込んできて、消えて」

「しっかりしろ！」

「武彦ちゃんだった……」

埒が明かない。

「警察呼んだんだけど、どこもかしこもちゃんと内鍵が掛かっててな。咲子がずーっとおかしい感じだったから、お巡りさん達もちょっと呆れてきて」

それでお開きとなり、話はそこで終わり……とはいかなかった。

「一週間後くらいにまた同じ足音があったんだ。今度こそと思って、布団からすぐ飛び起きて廊下に出たら」

武彦が廊下に立っていた。

目が赤い武彦。

ジーパンとネルシャツに見覚えがある。

目以外は亡くなる前の姿と変わりがない。

「うおお」

と驚きの声を上げ、後ずさりで寝室に戻った。

「あなた、いたんでしょ？　武彦ちゃん、いたんでしょ？」

「……いた」

「何なのかしら。こんなことってあるのかしら……」

「……参った」

参ったまま三カ月が経ち、その間、夫婦は夜の足音を数え切れないほど聞いた。

確認するまでもなく、あの赤い目の武彦が頭に浮かび身体を動かせない。

「母さんはお祓いしようって言ってるんだけど、父さんはとりあえずお前を呼ぼうって思ってな」

「ちょっと待って。俺、付いていけないよ。お化けが出たって言ってるの？　武彦のお化けが出たって言いたい訳？」

「……父さんは、多分、武彦ちゃんは別に悪いことしたい訳じゃないと思うから」

「いや。だから。お化けが出たって言いたい訳？　それで、俺は何をすればいいわけ？」

孝三の詰問に父は狼狽《ろうばい》を隠せなかった。

どうしてほしいのか、どうすればいいのか、これといった考えもないまま孝三を呼びつけたのだろう。

「お前、武彦ちゃんと仲良かったんだから……」

どうにかしてくれ、と父は言いたいのだ。

怯えた母は既に長野の実家に帰っており、現在父は一人で暮らしているとのことだった。

自分に何ができるか分からないが、家族が大変な状況になっていることは分かった。

「有休はまだ伸ばせるから、しばらくこっちにいておくよ」

父は首を縦に振るばかりだった。


久しぶりの実家だというのに母の料理もなく、よそよそしい父と二人きりの時間は決して居心地の良いものではなかったが、相変わらず冷蔵庫にはたくさんの缶ビールがあったことがせめてもの救いだった。

居間でダラダラと過ごすうちに夜が訪れた。窓の外が暗くなるにつれて、孝三は次第に増してゆく緊張を感じた。

父の言うように何かが起こるのか。

それとも何も起こらないのか。


ああ、あの夢だ、とすぐ分かった。

ゲーム機の光。記憶の中の遊び場。幼馴染みの姿。

もう帰らないと。

エレベータに向かって歩く。


「父さん、俺、今日帰るね」

翌朝、朝食の席でそう言った。

「え？」

「もう、大丈夫……だと思う。だから、俺は帰るよ。何かあったらまた連絡してよ」


武彦がその手を掴む。

帰らないと。

もう遅いんだから。

「大丈夫って。お前、何かしたのか？」

「いや。何かってことも……うん。夢見た。夢で武彦がもう大丈夫だって」

武彦の目は赤い。

やっぱりあの夢だ。

怖い夢。

悪い夢。

悲しい夢。

「帰ろう」

「……」

「武彦、帰ろうよ。みんな待ってるよ」

「……」

父は何かを確かめるように孝三の顔を見つめた。

「何かあったら、また連絡する」

「うん。それでいいよ」


暗闇の中、二人きり。

実際にゲームセンターに行っていた頃はもっと大きかったのだが、今二人は子供の姿をしている。

「いつまでもいられないよ」

「……い」

武彦の声。

「帰ろう」

「……しい」


新幹線の車窓から見える景色に飽きてくると、孝三はノートパソコンを開いて、社用のメールを確認した。

取引先から送られてくる判を押したような時候の挨拶を目にすると、まるで東京から早く帰ってこいと催促されているような気がした。

現実に戻るとはこういうことか。


苦しいのか。

それとも寂しいのか。

はっきりは聞き取れない。

困り果てた孝三はその赤い目に慄きつつ、どうにかしなければ、と思った。

「じゃあ、いいよ。もう少し遊ぼう」

まだ二人でいればいい。

そんなに目が赤くなるほど辛いのなら、一緒にいればいい。


孝三は現在四十七歳で、妻と二人の子供がいる。

父は癌で亡くなり、母はまだ健在だ。

実家のお化け騒動は孝三の予想通り、父に呼びつけられたあの日以来、ぱたっと収まっている。


夢の中のアミューズメントフロア。

そこで二人でゲームをやる。

孝三も武彦もお気に入りは格闘ゲームだ。

向かい合わせで対戦する。

いつも勝つのは孝三だが、時折武彦が勝つと、彼は満面の笑みを浮かべたり、小さな声で「やった」と言ったりする。

「もう一回やろう」と孝三が呼びかけると、武彦は大きく頷く。

スティックとボタンを無邪気に繰っていると、

「楽しい」

と武彦が言った。

そうかそれは良かった。

楽しいのが一番だ。

俺も楽しいよ。

そして、夢から覚める。

もう夢の中の武彦は赤い目をしていない。

夢の中の二人は仲良くゲームをしているだけだ。

怖いものなんて何もない。

今もその夢を見る。
きっとこれからもその夢を見るだろう。

# たったそれだけで……

香川翔太の父は肝硬変で入院した。

母に同行して父の見舞いに行ったまではいいが、そもそも翔太と父の間柄は良好とは言えず、五秒も父の顔を見たらすぐに帰りたい。

両親は特に病状に関する話題で話す訳でもなく、とにかく身にならない、他の患者がどうだとか、一人気に食わない看護師がいるなど、相変わらずのしょうもないことばかり大きな声を出す父に辟易するまで二分と掛からず、翔太が病室を出たのは病室に入って五分後のことだった。

運転手として付いてきた手前、母を置いて帰る訳にもいかず、とりあえずは喫煙所にでもと思い立ち、エレベータで一階まで降りた。

母は帰りたくなったら携帯を鳴らすだろう。尤も、仲が良い二人だ。小一時間はあのくだらない話をし続けるに違いない。以前この病院に来た折、表玄関に広めの喫煙室があったことを思い出し、エレベータを下りて真っ先に玄関に向かったが、院内の玄関近くにそれらしきものはなく、自動ドアを出てからまた周辺を見渡すも、やはり喫煙室は見当たらないどころか、代わりに院内全面禁煙の看板を見つける始末。

翔太は一度中に戻って警備員に喫煙所の場所でも訊ねてみようかとも考えたが、外に出たならもう院内ではないのだし、かといって玄関横で煙草に火を点けるのも問題であろうから、ならば玄関から離れた所で一服しようと、病院の壁に沿って裏手裏手へと歩いた。

道路は駐車場を抜ければすぐ目の前にあり、何なら車まで戻るという選択肢もあった。どこかに灰皿の一つでも設置されているだろう、と期待を持てるくらいには大きく立派な病院だったことと、何より秋晴れが爽やかな少し散歩でもしたくなる天気だったことが、病院の外周散策と洒落込むことになった原因である。

ちょうど病院の真裏に差し掛かると、一台の救急車が音もなくゆっくりと病院の敷地に入ってきた。消防車や救急車、パトカーなどはまるっきり一般車両と違うデザインを持つせいか、目に入ったが最後、ついじっと見てしまう。

停車した先には大きな緊急患者用の出入り口があった。

特に切羽詰まったような雰囲気が感じられない救急車の佇まいから判断するに、この車両はここで一旦待機しそうだ。何かこの病院の設備では手に余る大変な容体になりそうな患者がいて、搬送の段取りが付くのをここで待つのだろう。

父のいる病室に戻ると、ちょうど母が帰り支度をして待っていた。

「父さん、経過に問題なかったらすぐ退院だって」

「あ。そう。ずっと入院しててていいんだけど」

母を実家に下ろしてから、翔太はそのまま会社へ行った。休みを取っていたのだが、メールと不備で戻ってきた書類の有無を確認したかった。

翔太は化粧品、美容グッズや雑貨などを取り扱う企業の営業担当だ。

「香川さん、お疲れ様です」と隣のデスクに座る後輩の田村。

「お疲れ。今日はどう。トラブルはなし？」

「ないっすね。暇っす。休んで正解っす」

面倒なメールもなく、戻ってきた書類もなし。

一服して同僚と馬鹿話でもしたら帰るつもりだ。

「そういえば、二回、香川さんの内線鳴ったっす。でも代わりに出たら切れたっすね」

「切れたって。内線だろ？　受け付けから来たんだろ？」

通常、外線は受け付けが取り、そこから内線で各デスクに回る。

電話が切れたなら受け付けに連絡して、先方に再度こちらから連絡するのが筋だ。

「いやぁ。受け付けに連絡したら鳴らしてないって。内線が勝手に鳴ったみたいで」

談話室という名の喫煙所に入ると、先客がいた。

「お疲れぇ。香川君、休みじゃないの？」

「そうそう。親父が倒れてね。呑みすぎて」

総務の岡野とは煙草仲間だ。談話室でしか顔を合わせることがほぼないながらも、翔太は岡野の気さくな人柄が気に入っていた。

「そっか。いや、ちょうど窓から車が駐車場に入ってきたの見ててさ。いいの？　まだ一服してて。彼女、怒るんじゃない？」

「ははは。彼女いませんよ。欲しいです。紹介してください」

「あら、じゃあ車にいた人はあれ？　彼女未満？　遊び人だねぇ」

「何じゃそりゃ」

家に帰ると、食卓の上には母が近所のスーパーで買ったと思しき弁当が一つ置いてあった。家の中が静かだったので、二階の居間を覗くと、母が座布団を枕に横たわっている。

声を掛けようかどうか考えあぐねていると、「ちょっと具合悪くて」と母が顔だけ向けて言った。

「最近、寒暖の差があるからね。休んでな」

翌日になっても母の調子は良くならなかった。「大丈夫?」と問うても「心配しないで」と細い声を出す母。両親とも決して若くはない。そろそろ結婚でもして、孫の顔を見せてあげなければ。母を置いて仕事に向かう途中、そんなことを初めて思った。


それから三日経っても母は寝込んだままだった。

一応は朝晩とも起きて少量の食事を摂る姿を見かけるのだが、物も言わずに寝室に去っていく。体調について訊ねても「ああ」としか言わない。「病院に行ったら?」には、「すぐ治る」と。

もうしばらく様子を見て快方に向かわないようなら、無理にでも病院に連れていこう。


朝の喫煙所には牢名主よろしく、岡野がいた。

クリアファイルをテーブルに置き、書類を見ながら煙草を咥えている。

「おう。香川君。おはよう」

「おはようございます」

挨拶だけ済ませると再び視線を書類に落とす岡野。

翔太は仕事の邪魔をしないように何となく外を眺めながら煙を吹いた。

「……彼女、元気？」

「いや、だからいませんて」

「まだ付き合ってないの？　その割に毎朝会社まで連れてきてるじゃん」

「いや、いませんから」

「彼女、会社から近い所に住んでる訳？」

冗談にしてはしつこい。

翔太の車に女が乗っているのを見た、ということを言いたいのだろうが、最近車に乗せた女性といえば母しかいない。それをこんな風に茶化されるのは、ある意味で屈辱的なことだ。

「今日も乗ってたよね」

「いませんから。違う人の車を見てるんじゃないですかね？」

「……いや、香川君の車だよ。香川君が降りるところも見てるんだから。助手席に座ってるじゃん。隠さなくていいよ」

「本気で言ってるんですか？」

「何？　怒ってるの？　じゃあ、連れてこなければいいじゃん。あんなの目立つって。会社の窓から丸見えだよ？」

「いや。いないんです。連れてきてないいんですよ。見間違いだと思います」

「……ええ？　でも、みんな見てるよ？　総務で噂にしてるんだから、ほんと。みんな見てるから……そんなに否定しなくても」

岡野は宥めるような口調でそう言った。

これではまるでこっちが強情を張っているようではないか。

「いいです。今度、その女の人が乗ってたら、写メでも撮って送ってください。それを見たら認めます」

「何でそんなこと……いいよ。分かったよ。撮ったらすぐ送ってやるからな」


後味が悪いまま、デスクへ戻った。

すぐさま内線が鳴り、取ると切れている。

「またっすか？」と田村が残念そうに声を掛ける。

「電気系統の問題なんすかね？　よく分かんないすけど」

ここ数日の間に、これで何回目だろう。


家に戻ると母はやはり寝ていた。

駐車場から降りると、携帯にメール。

岡野から〈激写！〉というメッセージと写真が一枚。

朝から身体が怠い。


それから数日後、父の訃報。

夜、病室で寝ている間に、吐瀉物《としゃ》を喉に詰まらせたのだそうだ。


母は病院でパニック障害だと診断された。


母に代わり、翔太は葬儀の段取りに東奔西走した。

倦怠感はずっとあった。

一通り終えると、会社を辞めたくなった。

既に消去はしていたものの、岡野から届いた画像が時折頭に浮かんだ。気にしてはいけないと思っても気になってしまう。しかし、気にしてしまったらもう、終わりだ。

メールを受け取ってから、岡野とは顔を合わせないようにしていた。

しかし、出社し続ければいずれ必ずどこかで顔を合わせる。
あんな女乗っていないんです。
あの写真に写っている女なんて知らないんです。
その言葉で納得するのだろうか。
岡野は他の社員も車の女を見たと言っていた。
自分が反論したことも、既に噂になっているのだろうか。
父を亡くし、母は病気で、自分は社内の変わり者だ。
会社に戻ると何も伝えない内線が鳴る日々がまた始まってしまう。
それは耐えられない。

仕事中、田村の携帯が鳴った。
翔太からだった。
今から会えないか、と告げられた。

「それ、マジなんすか？　確かに香川さんが彼女を会社に連れてきてるとは聞いてましたが、じゃあそんな女いないってことっすか？」
田村は喫茶店で翔太が話す内容を到底信じられなかった。
内線の不調に関しては代理で受話器を取っている以上、当事者側だ。
しかし、翔太の両親の不幸に関しては偶然としか思えない。
何が言いたいというのか。
「何が始まりなんすか？　何でそんなこと考えるようになったんすか？」
翔太は少し間を置いてから、病院で見た救急車のことを話した。
田村にはまったく付いていけない話だった。

そして、退職の手続きすらせず、ひたすら欠勤を続けた翔太は懲戒免職となった。
社員が会社に女を連れてきたという噂は、その後まったく趣の違う話に変わった。
空いた翔太のデスクの内線が鳴ると、誰もが怯えた。
田村が転職をして職場を去ると、しばらくしてこんな噂が立った。

内線が鳴る。
受話器を取ると、少し間を置いて、

「……いますか？」

と、かぼそい女の声が聞こえる。

そして電話は切れる。

たったそれだけで、電話を取った社員の人生は終わる。

翔太も田村も岡野も、もうその会社にはいない。

噂だけはまだある。

# 津軽の子ら

青森で怪談の取材をしていると、妖しき子供、怪しき赤子が登場する話を都会で暮らしていた頃よりも、よく聞く。

そんな話を幾つか。

※　※　※

弘前市、武道館近くの無人駅。

電車を待っていたときのことだ。

黄昏時の中、ホームに立っていたのは自分と数人の見知らぬ若者達だけだった。

猫の鳴き声が聞こえていた。

真向かいのホームには女性が一人。

「赤ちゃんの声聞こえねぇが？」

「いや、聞こえねぇな」

若者がそんな会話をした。

「いや、赤ちゃんの泣き声するべ」

一人が強くアピールするが、他の二人はつれない。

それにしても、自分にはどう聞いても猫の鳴き声しか聞こえない。

ふと、反対側の女性に目を向けると、彼女が両腕で包むように赤子を抱いていたことに気が付いた。

では、これは猫ではなく赤子の声なのか。

しかし、音の距離感からすると、あの女のほうから聞こえているようにも思えない。

もっとどこか遠くから聞こえているような……。

そんなことを考えながら女性を見つめていると、女がこちらを見た。

と、同時にその姿が小さな光る球体に変わる
球体はこちらに向けて高速で飛んできたかと思うと、自分をすり抜けてどこかへ行ってしまった。

※　※　※

登山仲間数人と弘前市の岩木山で山登りをしていたときのことだ。

歩くのは、傾斜こそ急ではあるものの足場がしっかりしていて、体力さえあれば小学生でも登頂できるルートだ。

そろそろ登頂も近くなった頃、下山する野球帽とTシャツ、半ズボン姿の子供と一行はすれ違った。小走りに近いスピードで下りていく元気な子供の姿は微笑ましい……と言いたいところだが、彼の足元を見ると、何と裸足だ。

「おいおい。裸足だば《裸足じゃあ》危ねど！」

すれ違い様に仲間の一人が声を荒らげて注意をしたが、子供はあれよあれよという間に姿を遠ざける。

「大丈夫なんだがぁ。なんぼ元気だばして《なんだ》」

気をとり直して再び上に向かうと、先ほどの子供がまったく同じ出で立ちでまた上方から現れ、一行とすれ違って去っていく。

虚を突かれた仲間達は顔を見合わせた。

「兄弟だが？」

「まだ裸足だったな」

「親はどこさいる？　流石に子供だけってことはねえべ」

足を止めてそんな会話をしていると、また足早に下山するその子供とすれ違ったため、具合が悪い。

皆で登頂するべきか下山するべきか相談をした結果、下山することになった。

※　※　※

比奈さんは以前勤めていたＣＤ屋さんで、閉店後に事務仕事をしているとき、幾つもの陳列ラックを縫うように走り回る女の子の姿をよく見たそうだ。

# ジャム

香津代さんが庭から採れたブルーベリーをジャムにしようと煮詰めていたときのことだ。

弱火で火を掛けたまま、椅子に座って雑誌を読んでいた。

ガチャッとキッチンのドアが開き、現れたのはもう何年も前に亡くなった母。

母は割烹着姿で真剣な表情をしている。

言葉が出ない。両親から受け継いだ家の台所で母の姿を見ると、タイムスリップしたような感覚を覚えた。

母はガス台に向かうと、上白糖を入れた四角いボックスに手をつっこみ、ひとつまみだけ足した。

そして、またドアを開けて出ていった。

できあがったジャムは普段と変わらず美味しかったが、いつもより甘く、香津代さんは母に対して「流石、甘党」と心の中で思ったそうだ。

# マジック

ビニール袋が仕込まれた新聞紙に牛乳を注ぐ。

折りたたんで逆さにしても、ほらこの通り、牛乳は溢れません。

お次は指にはめた肌色のサックから一輪の花を華麗に咲かせます。

さて、取り出したるはこのコイン……。


小学二年の頃、クラス担任の提案で、毎日のホームルームに日替わり担当の一人が〈表現〉をすることになった。

「何でもいいんですよ。〈表現〉は自由です。歌を唄っても、どこかで描いた絵をみんなに見せても、今日一日に思ったことを発表したっていいんです」

先生が言うには、とにかく何でもアリ。勝ちも負けもないから、好きなことを恥ずかしがらずやればいいとのことだ。

「面白そう」

「ええ、やりたくないいな」

「頑張ってダンスの練習しようかな」

クラスメイト達が様々な反応を見せる中、先生の提案に一際賛同したのがこの話の提供者、前原君だった。

前原君は保育園にいたときから、どうにもいじめられがちだった。

線の細い体つきで、引っ込み思案。悲しいことがあるとすぐ泣く子だったため、他の子供達は弱い前原君を的にして、意地悪な遊びをしようとする。

普段は仲良く話をしてくれるのに、いざ身体を使った遊びをすると、すぐにいじめが始まった。

「お母さん、ぼく〈表現〉はマジックがやりたい」

「あら、良いんじゃない？」

母は事前に担任からのプリントを読んでいたので、〈表現〉のことは知っていた。

「じゃあ、マジックの種がいるわね」

二人はおもちゃ売り場でマジックグッズを三つ購入した。

家に戻って、グッズの箱を開けたときの興奮は今も忘れられない。

気分はすっかりマジシャンで、クラスメイトが自分の繰り出す魔法に驚き、尊敬の念を込めて見つめる様が目に浮かんだ。

前原君は〈表現〉のマジックで自分の立場を挽回したいと思っていたのだ。

「どれ、お母さんが見てあげる」

手にした新聞紙にはファスナーの付いたビニール袋が仕込まれていて、水を注いでも溢れないように細工がされていた。説明書によると、適量の水を入れて観客にバレないようにファスナーを閉めればいいとのことだ。

「……ほら、この通り……あ、溢れちゃった」

水を入れすぎた。次からは気を付けないと。

「大丈夫よ。何回も練習したらうまくなるから」

「うん」

所作や言葉遣いは母が教えてくれた。

何度か練習すると、新聞紙のマジックも、指から花を出すマジックもうまくできるようになった。

ただ、コインマジックだけは日を跨いでもなかなか上達せず、段々と前原君の〈表現〉の日が近付いていった。

「二つできればいいんじゃない？　十分上手になったんだし」

「うーん。このコインマジックが一番かっこいいんだよ……」

コインマジックの説明書には写真付きで一枚のコインを五本の指で巧みに転がす方法が書かれていた。その後のマジック自体には関係のない動きだが、決まると最高に渋いことをテレビで観て知っていたため、前原君は相当にこだわりを持っていた。

とはいえ、それぞれの指の間にコインを挟み、小指から親指までコインが練り動かせるのは不器用な前原君には至難の技だ。

練習に次ぐ練習。

夜もコインを握りしめて寝た。


「お母さん！　見て！」

〈表現〉当日の朝、前原君は母の目の前で、コインを片手で転がした。

「わぁ！　上手ねえ！　かっこいいわ！」

じょうず、じょうず。

やったね。

母の賛辞に続き、男の声が親子の間近で響いた。

「お母さん。今、声……」

「え。あ……お父さんの声だ……」

母はそう言うと、口を押さえて泣き出した。

前原君は生まれて間もない頃に癌で死んだ父の声を知らない。

母の嬉し涙を見る限りでは、どうも本当に父の声だったらしい。

試しに何度かコインを転がしてみたが、声はそれ以上なかった。


かくして〈表現〉はうまくいった。

クラスの誰もが盛大な拍手をした。

以来ぱたっといじめはなくなった。とはいかなかったが、一日を楽しく感じられることが多くなった。

# あの人

著しく酔っている状態のとき、人は何を見てもおかしくはない。そもそも現実を捉える能力を損ねた状態だからだ。

風邪を引いた人が高熱に魘されているときも、やはり同様の理由で妙なものを見やすくなる。

このため、こういう状態のときに見た物事を語られても、実話怪談として書くのは憚《はばか》られる。

では、こんな話はどうだろうか。

美咲さんには六歳の娘、葵ちゃんがいる。

「基本的に身体が丈夫な子で、手が掛からないんですけど」

年に一度、一日だけ大風邪を引くのだそうだ。

「前触れもなく朝から四十度くらい熱が上がるんで、すぐ病院に連れていきます」

荒い息で意識こそあるものの、ぐったりしたまま。

全身にぐっしょりと汗を掻いている。

焼けるように熱い身体に苛まれる愛娘の姿は痛ましい。

病院に連れていくと、毎度、即入院となる。

注射を打ち、点滴。

そうすると決まって翌日には熱が冷め、嘘のように元気になっている。

元気になった葵ちゃんは〈あの人〉のことを報告する。

「ママ。またあの人来た」

夜、〈あの人〉は気が付くと、病室にいる。

そして、知らぬ間にいなくなる。

男なのか女なのかは分からない。

顔も見ているのだが、何故か男女の区別を付けることができない。背格好も衣服も、白っぽいことは覚えているが記憶は曖昧だ。

両手を横たわる葵の顔の前にかざす。

どれくらいの時間、そうしているのかも分からない。

とにかく、終わると〈あの人〉は消える。

まるで夢の中にいるような話だが、美咲さんが寝ている間に現れている訳ではない。

「ママも見た。助けてくれたね」

「うん」

〈あの人〉が誰なのか、美咲さんに心当たりはないそうだ。

# へば

外では大粒の雪が降っていた。

優也はすっかり紙吹雪の影絵と化した曇りガラスを一瞥し、布団の中で大きく息を吸い込んだ。

携帯は鳴らず仕舞い。

社長が言うには今年、屋根雪下ろしも不況なのだそうだ。

手を伸ばした灰皿は、後で再度吸えるよう長さを幾らか残して火を消した、安煙草で溢れ返っている。

家賃と灯油代、ガス代を払うと残りは雀の涙。

咀嚼《そしゃく》が面倒臭く思え、積極的に炭水化物を摂らない日が続くと、外気に抵抗する自律神経が働かなくなった。

足腰の節々が痛む。

これだから、冬は良くない。

優也が六歳になった年に、母は死んだ。

その日は保育園まで迎えに来たのが見知らぬ大人で、驚く暇もなくあれよあれよという間に葬儀に連れ出された。

泣くことしかできぬまま、きっと一連の催しが終われば母がまた現れるのだろうと期待した。

しかし、現実を受け止めるということは、期待を捨てることと同義なのだろう。

少年はゆっくりと時間を掛け、どうやら母は本当に戻ってこないらしいことを知った。

もう優也は四十歳だ。

乱れた掛け布団を足をばたつかせて整えた。

寝汗と小便の臭いが部屋を舞うと、辛くなった。

空腹のせいで、再び眠気が訪れる気配はない。

仕事にあぶれるたび、朝から酒をかっ食らっていては、即破産するだろう。

「もう死にてえじゃ」

独り言は虚空に吐かれた。

布団の中で懸命に呆として昼前まで時間を潰すと、優也は破けたＭＡ－１を着てスーパーに向かった。

お目当ては酒の肴になりそうな味の濃い惣菜を二品ほど。

帰ってきたら、カップ酒を熱燗にして頂きながら、テレビを観るつもりだった。

徒歩での道中、みるみるうちに身体に雪が降り積もっていった。

自然と眉間に皺が集まり、噛み締めた両奥歯が痛み出す。

面白くも何ともない。

歩道は積雪で潰れており、優也は真横すれすれを走り抜ける車両を睨み睨みしてスーパーに辿り着いた。

入店してから付着した大量の雪を払い落とすと、いかにも迷惑そうな視線を見知らぬ主婦が投げかけてきた。

羞恥心が湧き起こり、なるべく皆から見て普通であろう、迷惑を掛けない人間であろう、と四肢の捌《さば》きに細心の注意を払おうと努力をしたが、返って思い通りに動かない身体を自覚することとなった。

もう、まともに歩けないほど疲れてしまっているのだ。

惣菜のコーナーからコロッケと野菜炒めを掴み、レジに並んだ。

コロッケにはだぶだぶとウスターソースをかけ、野菜炒めには目一杯七味をかける算段だ。

閉店間際に半額になることを知っていたため、定価で買うのは幾らか癪《しゃく》だったが、午後の殆どがこの二品と酒、後のうたた寝で過ごせるイメージがあったため、損をする気はしなかった。

雪の日の午前中はレジが空いている。

列に並ぶなり、すぐさま清算の順番が回ってきた。

が、幾らポケットを弄っても財布が出てこない。

はたと、財布を持った記憶がないことに思い当たった。

「参ったなあ。まんず……」

平静を装いつつ、レジ打ちの冷たい目から逃げるようにその場を去った。

破けたジャンパーを着た無精髭の中年を、あのレジの女性はどう見たのだろう。

生きていたくない。

優也はスーパーの外に出ると無気力感が溢れ、駐車場の車止めに座り込んでしまった。

このまま意識が遠のいて、気が付くとあの世、とはいかないものだろうか。

優也は同じような気分をこれまでの人生で幾度となく味わっていた。

ある意味、慣れたものだ。

自分は何のために日々をやりくりしているのか。

仮にコロッケと野菜炒めにつつがなくありつけたとしても、次の絶望を味わうための力にしかならなかったに違いないのだ。

泣き叫びたい衝動に駆られたが、泣いても何にもならないことくらいは分かる。

泣いて良いのは、母のいる子供だけだ。

母の温かい慰めがあるなら、今すぐにでも泣けるのに。

疲労をどっと感じると、急に眠気が押し寄せてきた。

しかし、店の敷地内で寝てしまっては通報されるのが関の山だ。

何とか腰を上げて、元来た道を戻る。

ちょうど昼時になったせいか、車通りが激しくなっていた。

相変わらず霏々《ひひ》と降りしきる雪のせいで、足元も悪い。

ただ朦朧《もうろう》と帰路を歩く。

「うっ」

と反射的に声が漏れると同時に、視界には灰色の空が広がった。

滑って転んでしまった。

そこまではまだいいのだが、加えて横を走る一台の車が御丁寧に足をタイヤで潰していった。

痛みに顔を歪めつつ、慌てて寝転んだまま歩道側に身を捩《よじ》る。

車の流れに乱れが生じていないことから、自分を轢《ひ》いた車が既に走り去っただろうことが分かった。

もしかしたら、当人は轢いたことすら気が付いていないのかもしれない。

タイヤで踏み抜かれたのは右の脹ら脛だった。

神経系統の関係か右尻と右足首にも激痛があった。

ナイロン地のズボンの脹ら脛部分は血で真っ赤に染まっていて、奇妙に膨らんでいた。

これだけの痛みに耐えてアパートに戻れるだろうか、と優也は考えた。

ゆっくりズボンを捲ると、先の尖った骨らしきものが丸見えの肉から飛び出ていた。

これだけ車がいるのだから、いずれ救急車が来るだろう。

そこまでは考えついたが、その先が思い浮かばなかった。

ただでなく痛《いで》ぇ。

痛ぇ。

痛ぇよぉ。

おっかぁ。

痛ぇよう。

優也には友人も身寄りもない。

友人も身寄りも金もない中年が、雪道で転んで脚部から骨を突き出している。

痛ぇよぉ。

「だ、大丈夫ですか？」

目を開けると大学生風の男が立っていた。

「……うっ、うっ。痛ぇくて……もうまいね《ダメだ》……」

「もう救急車呼んだんですか？」

「分がんね。おら、もう何も分がんね……」

若者を目の前にして情けないと思いつつ、涙が止まらなかった。

母が帰ってこないことを知ってから、ずっと泣くのを我慢していたのだ。

折角ここまで落ちたのだから、泣かせてくれ。

「もう呼んだんですよね？」

優也は話しかける男の目線が下に向いていないことに気が付いた。

知らぬ間に自分以外の誰かが傍にいるのだろうか。

首を捻ると傍に立つ女性と目が合った。

「おっかぁ」

記憶と寸分違わぬ母は、自分よりも若く美しかった。
母は膝を曲げ、両手で骨が出た脹ら脛に触れた。
温かい手。

いだいのいだいのとんでけぇ。
いだいのいだいのとんでけぇ。

耳元でその声が囁かれた。

いだいのいだいのとんでけぇ。
いだいのいだいのとんでけぇ。
ゆうちゃん、良い子だはんで泣ぐな。
良い子だ。ほんとに良い子だ。

いだいのいだいの……。

とんでけぇ。

良い子だ。

良い子だ……。

声は次第に遠のいていった。
母の姿はいつしか消えていた。
「えっ。嘘でしょ。嘘でしょ」
とだけ言い残し、学生風の男は逃げるように去った。
呼吸を落ち着けてから立った。
傷は、痛みとともに消えていた。
ズボンに付着した血が今しがた起きたことの証しだ。
優也はアパートに戻り、寝た。
目覚めると夜で、改めてスーパーへ赴くと、半額の弁当を買った。

その日からおおよそ四半世紀、優也の人生に特に大きな起伏はなく、肉体労働を務め終えた今は年金暮らしをしている。

相変わらず酒は美味く、飯を食うのは億劫《おっくう》だ。

優也は最近、居酒屋で会った自称怪談作家を名乗る男にその日の話をした。

随分と根掘り葉掘り聞いてくる図々しい男だったが、折角の機会だったので、説教混じりに自身の体験を語った。

「いいが？　つまりは人は死んでもいなぐなるわげでねぇってことだな」

「はい。ですね」

「死んでも、ちゃんとここさ、いる訳だ」

「ええ。なるほど」

「だはんで《だから》、何も寂しぐねえわげだよ。生ぎるってのは何も寂しぐねえんだ」

「ええ」

「ま、それでわぁ《俺》の話は終わりだ」

なんだが知らないけんど、おめぇも頑張れ。

へば《じゃあ》。

# 民宿騒動

先日、新聞社の取材で錦石の展示会に行った。

何でも、珍しい錦石を探すのは至難の技で、とにかく「ありそうな所」をひたすら足を使って巡るのだそうだ。

なるほどと膝を打った後、早速酒場で錦石に関する浅知恵を周囲に披露したところ、私と同じカウンター席に並ぶ初老の男性からこんな話を聞いた。


幸田さんは、一時期、陶芸教室に通っていた。

凝り性の幸田さんは、週一回の陶芸教室だけでは飽き足らず、教室のない日でも先生にお願いして窯元に出向いていた。

「今日は土を採りにいくから、幸田さんも行きますか」

一度先生と一緒に山へ土を採りにいくと、今度は土の魅力に取り憑かれた。

本当はどんな土を混ぜるかで陶芸の仕上がりが変わる、という所に醍醐味があったはずだが、窯を持たない幸田さんは、むしろ土そのものにばかりのめり込んだ。

素人考えでは土の種類なんぞ、さらっとしているか、ねちょっとしているか、くらいなものだが、ハマると色や粘質の粒の形状など、多彩なのだそうだ。

気に入った土を見つけたら、ビニール袋に入れて持ち帰る。

当時は未婚だったので、好きなことに幾らでも夢中になれたそうだ。

海では砂、山では土、近所だけではなく、県外までも足を伸ばした。

街中は建設業者が撒いた土ばかりで、面白くない。

人の手垢が付いていない所を探して出向いた。


岡山県へ出向いたのは備前焼に使う土をこの手で採取したかったからだ。

教室の先生から聞いた「良質な土が取れる場所」の近くに宿を取った。

観光も兼ねて朝早くから外に出て散策する。

少し暑い日だったので、日中は街を観光し、夕前に山へ向かった。

畑の近くに備前焼に向いた土があるとは聞いていたが、いざ畑に近寄ると人様の敷地から泥棒をしているような気がして、目に付いた山へ方向転換した。

緩やかな傾斜の、そこそこに人が通った気配がある道なき道を行った。

尤も、土漁りの観点からはあまり期待ができそうな雰囲気はない。

一面を見渡した所、枯葉と枯れ枝、虫の糞からできたよくある山の土。

下の地層は分からないが、そこまで掘るのは柄じゃない。

どこかに土がむき出しになった緩やかな崖でもあればいいのだが。

少し肌寒さを感じ、時計を見ると午後六時過ぎ。

幾ら足腰に自信があるとはいえ、これ以上山奥まで行ってしまうと帰ってきた頃には真っ暗だろう。

意地になっても仕方がない、もう戻ろう。

来た道を戻るが、畑があった民家周辺まで思ったよりも距離があった。

（あ。あの土……）

間もなく山から出るかという所で、暗がりの中に美しく映える茶色の土が敷かれた一角を見つけた。

あそこまでのものを登りで見落としていたとは。

山裾の茶色の土がある土地はもはや平坦で、畑との距離も遠かったため、気兼ねなくビニール袋に詰めることができた。

粘土質の土は、食べてもいいのではないかと思えるほど鮮やかな茶色だった。

取った宿は民宿を謳っていたが、宛がわれた洋室は殆どビジネスホテルの一室だった。

一階の食堂でお膳の朝食と夕食が振る舞われる所が民宿の面影か。

遅めに予約していた夕食を食べて部屋に戻ると、心地よい睡魔に襲われた。

何とかシャワーを浴びてから浴衣を纏い、ベッドに横たわる。

そして幸田さんは、ずん、と眠りに落ちた。


ベル。

電子音。

チャイム。

いや、フロントからの内線だ。

モーニングコールは頼んでいない。

枕元のデジタル時計は午前一時過ぎを表示していた。

『はい』

『すみません。フロントですが』

『はい』

『すみませんが、お友達ともう少し静かにしてもらえませんか。苦情が来ておりまして』

『えと。えー。ちょっと待ってください。起きたばかりでして。あの。その。お友達ですか？』

『ですね。今私も幸田様の部屋の前まで行って確認したのですが、ちょっと度が過ぎます。楽しいのは分かるのですが、あそこまで皆様で笑い声を立てられると困ります』

話が読めない。

読めないなりにも謝るべきか、それとも異議を申し立てるべきか。

『それ、本当に私の部屋ですか？』

『ええ。ですから、私が先ほど確認しました』

『ちょっともう一度、部屋まで来てもらえますか？』


フロントと言うのでスーツでも着たボーイが来るのを想像したが、現れたのはジャージを着た若者だった。

若者は部屋に恐縮した様子で入り、わざとらしく首を傾げた。

恐らく、少しの間に私が「友人の皆さん」とやらを外に出したと思っているのだろう。

「ふざけないでもらえますか。場合によっては即退出というのもありえますよ」

「いやいやいや。何を馬鹿なことを言ってるんだね。どう見ても誰もいないじゃないか」

「隠れてるんですか？　クローゼットの中ですか？」

露骨な軽蔑の眼差しが幸田さんに向けられた。

「だから、誰もいな……」

「今、私が入る直前まで声がありました！　いいかげんにしてください！」

若者はすっかり激昂している。

こうなると、濡れ衣を着せられた幸田さんも黙ってはいない。

「ばっ《馬鹿》が言うな。はんかくせえ《くだらねえ》。おら《俺》だっぎゃ《はなあ》ずっと一人だねぇ《だよ》！　眠ってらんずや《眠っていたというのに》。さしねえ《うるさい》！」

そう啖呵《たんか》を切ると、若者の腕を掴んで廊下に引っ張り出した。

そして、顔を顰め何か言いたげな若者に対し、人差し指を一本立てる。

幸田さんは続いて、片耳に広げた手を添えた。

(騒音はここじゃない。よく聞け)

二人が耳を澄ました頃、大きく開け放たれていた幸田さんの部屋のドアが、静かに閉まった。

あはははははは。

うあはははは。

おほおほほほ。


確かに度が過ぎる笑い声が幸田さんの部屋から響いた。

「ほらあ！」

慌ててドアを開ける。

「あっ！」

「ああ！」

二人は同時に声を上げた。

部屋の中は、床、ベッドの上からテレビの画面まで、そこかしこが茶色の土まみれだった。

咄嗟《とっさ》に採取した土に思い当たったはいいものの、部屋の中の土は見るからに持ってきた分量の何倍もある。

大体からして、ついさっきまでこんな様子ではなかったのだ。

「何ですかあ！」

「いや、おらは知らねって」

「勘弁してください！」

収めようのなさそうな事態を幸田さんは金で解決した。

清掃代負担、迷惑料を若者に直で一万円。

笑い声が以降なかったこともあり、それで済んだ。

翌日、もう一度あの茶色の土を探しに採取場所に向かったが、記憶通りの場所周辺を幾ら探しても、どうしても見つからなかった。

何となく怪しいのは、山裾近くの墓場くらいだった。

# お引っ越し

つつがなく到着し、チャイムを鳴らす。

〈はぁい〉

スピーカーからは、女の声。

「すみません。アカハナ引っ越し社の者でーす」

〈どうぞぉ〉

内鍵を開ける音が聞こえて、ドアが開いた。

現れたのは三十代の女性で、愛想の良い微笑みを浮かべている。

「今日は見積もりと、幾つか荷物を預かるということでよろしかったですかね」

「ええ。そうなんです。もうね。うん。ちょっとずつ物を減らしていったほうがいいのかなあ、と思って」

「はい。はい。本日私が見積もりをしまして、そのままサインを頂けたら預かれますので。それでよろしかったですか？」

「助かりますぅ」

それでは早速、と三田村は家に上がった。

外壁のくすみ具合と比べると屋内は存外小綺麗で、床のワックスも輝いている。壁には絵が飾られ、食卓のテーブルの上に置かれた花瓶には何種類かの花が生けられていた。

住人の上品さが窺える。

案内通り各部屋を回ると、一階、二階ともに木製の大きな調度品が何点もあり、引っ越しにはそれなりの人員を要しそうだった。

恐らくは裕福な家庭なのであろう。通常の見積もりより、一ランク上の予算で提示しても良い返事を聞くことができた。これといった質問、注意事項を告げられることもなく、幸先が良い。

「で、今日は何をお預かりしたらいいですか？」

三田村は恐らく二十箱程度は渡されるのだろうと予想し、2トンの箱トラックで出向いていた。

だが、屋内を回っていく中でそのような梱包物は見当たらず、明らかに一人で持ち上げられないだろうタンスや本棚を目にするにつけヒヤヒヤしたものだった。

「それなんですけどね。変に思わないでほしいんですけど」

「はい」

「こういうお願いがおかしいってのは私も分かっているんですけど」

ちょっとこっちへ、と促されたのは子供部屋だった。

目立つ大きな物はベッドと勉強机。

それ以外ならば運べと言われれば一人で難なく運べる。

そもそも部屋にはあまり物がなく、ベッドの上には布団も敷かれていない。

「そのベッドの下、覗いてみてもらえます？」

「え？」

「いや……あのう。ベッドの下にある物を持っていってほしくて」

女の愛想笑いは、羞恥と困惑が入り混じったような表情に変わっていた。

おや、と思いつつ、とりあえずは成り行きに身を任せる。

這いつくばり、ベッドの下を覗いた。

窓からの明かりで何があるのかは一目瞭然だった。

頭を潜り込ませ、手を伸ばして引っ張り出す。

身を起こし、

「これっすか？」

と問いかけたときには、もう依頼人の姿はなかった。

『おかしいんすよ。どこ探してもいなくて』

三田村は珍事を事務所に告げた。

『サイン貰ったんだろ？』

『貰ったっす』

『で、預かるのはそれだけ？』

『分かんないんすよ。携帯鳴らしても出ないし』

『じゃあ、とりあえずそれだけ持って帰ってきたら？　どうしようもないじゃん』


ベッドの下にあったのは、ビニール製の赤い巾着袋だった。

中には折りたたまれた女児用のベージュのワンピースが一着入っているのみ。

何でこんなものを、と考えると同時に、こんな頼みごとをするような思考を持つ女とさっきまで二人きりだったことに嘆息する。

三田村は念のため「お邪魔しましたぁ……」と声を掛けてから外に出た。

助手席に巾着袋を投げ置き、エンジンを掛ける。

楽な仕事だったと思えばいい。

三田村はそう自分に言い聞かせようと努めたが、どうにも気持ちが晴れなかった。

子供部屋は一つだけ。赤やピンクのものがあまり見当たらなかったので、男児がいるのだろうと思っていたが、あったのは女児の服だった。

そして、急に姿を消す母。

いや、こうなっては母だったのかどうかも分からない。

赤信号で停まるたびに、何かに巻き込まれているような胸騒ぎを感じた。

事務所まではあと一時間というところか。

脂汗が目に入る。

耐え難い胸のむかつきを覚え、コンビニの駐車場に車を停車した。

「参ったな……」

そう呟いてから巾着服を一瞥した。

目を閉じて具合が良くなるのを待ってみたものの、逆に頭痛すら始まってきた。

この巾着袋のせいだ。

何故かそう思った。

吐き気に襲われ、車を飛び出した。

知らぬ間に、立つのもやっとになっていた。
前かがみになると吐瀉物が勢いよくアスファルトにぶつかった。
口元を袖で拭い、開きっぱなしの車のドアに手を掛けた。
「え………」
助手席に依頼人の女が座っていた。
両腕で赤子を抱いている。
視線は三田村に向いてはおらず、フロントガラスを射抜くようにまっすぐ見ていた。
探したんですよ。
何でここにいるんですか。
どの言葉も、的を射ないように思え、口から出ない。
そもそも、もうそれどころではなく具合が悪かった。
赤子の眼窩《がんか》はぽっかりと穴が空いているだけで、その奥の赤身が見えている。
口を僅かに開閉させる様子は爬虫類のそれを思わせる。
こんなことになってしまって、俺はもう死ぬのかもしれない。
と、気を失う直前に思った。

目覚めると、目の前には見慣れたハンドルがあった。

運転席だ。

卒倒する直前の記憶と比べて辺りはすっかり暗くなっていたが、コンビニの明かりのおかげで現実感はすぐに戻った。

携帯には事務所のスタッフからのメールが三通と着信が五件あった。

車内に巾着袋が見当たらない。

何故ないのかという疑問よりも、なくて良かったという安心を抱いた。

これで助かった。

兎にも角にも事務所に連絡を入れなければ。

『おいおい。何してんだお前。みんな心配したんだぞ』

『……大変だったんすよ』

『メール見たか？　キャンセルだってよ』

『ええ。キャンセルは分かったんすけど、あの女の人、電話口でおかしくなかったすか？』

『おかしかったよ。理由も話さないでキャンセルだって。んで、暗い声で、すみませんすみませんってさ。頭おかしいだろ。あれ』

『……っていうか。マジで大変だったんす』

三田村は電話口であれこれ説明する気力も起こらず、とりあえず事務所に戻った。

もはや一連を裏付ける証拠たるものもない。

騒いだところで何にもならないだろう。

幻覚。

気のせい。

記憶違い。

全てそれらに押し込めておけば終わる話だ。

見たのも聞いたのも自分一人。

「……戻りました」

「お疲れぇ、三田村ぁ。お前、サボるにしても大胆だったな。パチンコか？」

「何か、急に具合悪くなったんす。マジっす」

「ええ？　それ、やばくね？」

「だから、やばかったんすよ」

「で、ビニール袋どうした？」

「え？」

「預かったんだろ？　ビニール袋。お前、言ってたじゃん」

「あ。はい。ですよね。はい」
「返さなきゃだろ。キャンセルだから」
「はい。そうっすね」
明日朝一番に返却しに行くことを告げて、事務所を後にした。
そして、自家用車でアパートに帰る道中、辞職を決意した。
次はなるべく不特定多数の見知らぬ人と関わらなくていい仕事がしたい。
誰とも話さなくていい職種にどんなものがあっただろう。
転職先におかしな同僚がいたらどうしよう。
ああ。この世には知らない人がなんて多いんだ。
他人が何を考えているか、どんな人かなんて分かりっこないじゃないか。
何でこんなことが起きるんだ。
こんなことが現実に起きるなんて知らなかった。
これじゃ何も信用できない。
変わってしまった。
もう、大きく変わってしまった。
もう平気じゃいられない。

後ろを振り返ることさえできないじゃないか。
ほら。
何か、分かんないもん。
もう。
どうしよう。
ほら、何か怖い。

# あとがき

本書は私、高田公太の二冊目の単著となる。
前作『怪談恐山』が中々の好評だったそうで、今作も二匹目の泥鰌を得るべく青森の怪談を中心に書いた。かなりハードな津軽弁を多用したが、難読から醸し出されるモンド感を味わっていただければ幸いだ。

『恐山』執筆時と現在の大きな違いは二つある。
一つは、県内の怪談愛好家で構成する結社「弘前乃怪」に私が入会したこと。
もう一つは、何度かの転職を経て、ローカル新聞社に就職したことである。
結社の集まりでは、青森の怪談を語り合い、新聞社では青森のニュースを追っている。
寝ても醒めても、彼の世此の世と青森づくしの毎日である。
元来郷土愛は強い方であったものの、ここまで故郷にどっぷり浸かるとは……。
「高田さんは青森在住という地の利を生かしたらいい」
そうアドバイスを受けたのは、「恐山」刊行後に渋谷のロフト9で開かれた、住倉カオス氏主催の「バンブーホラーナイト」の打ち上げでのことだ。

私が地方で活動する孤独感を吐露した後の進言だったため、とても励みになった。

しかし、私の記憶ではその場に住倉氏、怪談社の伊計翼氏、糸柳寿昭氏、上間月貴氏、怪談図書館の桜井館長、竹書房様のたいそうに偉い方がいたはずだが、どなたがそのアドバイスをくれたのかがまったく思い出せない。二次会に向かう途中、四谷辺りで恐ろしく具合が悪くなり、その辺りの記憶が胃からびしゃびしゃと出てしまったのだ。流石、四谷である。場の力が強い。

こうやって呑気なあとがきを寄せつつも、本書を書き終えるのはとてもきつかった。

通常の締め切りがきつい、ネタがないなどのきつさではない。

順調に執筆が進み、残り五十ページほどという所で、何故か筆が止まったのだ。

エディタを起動すると謎の虚無感に襲われ、一行足りとも書けない。

いやいや、書けないでは済まされないぞ、と己を奮いたたせ、「ある晩のこと」と書いた尻から、なぁにが「ある晩のこと」だ。止めちまえ。と内なる声が邪魔をした。

決して不可思議な現象に出くわしたわけではないのだが、何故か生まれて初めて心の底から、憑かれた、と思った。

そんな状態の中、怪談家のありがとうぁみ氏を迎えて、弘前乃怪主催の「弘前怪談夜会」「怪談かだれ横丁」の両イベントが開かれた。

私はスタッフとして参加し、イベント終了後の〈スポット探訪〉にも同行した。

締め切りまであと三日しかなかった。


スポット探訪後、ぁみ氏一同が腰痛に喘ぐ中、私は妙に爽やかな気持ちに満ちていた。地名を詳しく明かせないが、青森で「霊道の入り口」と呼ばれる場所が〈スポット〉だった。その後、一気呵成《かせい》にページを埋めることができた。これもまた、場の力なのだろう。


加藤一氏、私を見つけてくれてありがとうございます。神沼三平太氏、いつも仲良くしてくれてありがとうございます。木村部長、私の作家活動を応援してくれてありがとうございます。弘前乃怪の皆さん、助けてくれてありがとうございます。

妻の範子、娘の舞、両親に最大の感謝を。

これからも頑張ります。


二日後、舞の六歳の誕生日　　　　高田公太

# あとがきのあとがき

あとがきを四ページ書かなければいけないのに三ページしか書いていなかった。

ということで、もちろん催促を受けたため、またあとがきを書いている。


それにしても年月が経つのは早い。

怪談作家デビュー時は三十歳だったのに、今では四十歳。

年に数回の怪談作家仕事とはいえ、十年以上続けているわけだ。

この十年の間、本当に色々なことがあった。

お化けはまだ見れず仕舞いですが……。

あ！　でも先日、ついにポルターガイスト現象に遭遇しました！

揚げそばだったか、焼きそばだったかが入った大皿が、すー、すー、と二回横移動したんです！　怪談仲間四人くらいで見ました！　ついに見た！

ってなとこで、皆さん、次の単著も楽しみに待っていて下さい。この本がたくさん売れたらきっと出ますの。

高田公太

本書の実話怪談記事は、恐怖箱 青森乃怪のために新たに取材されたものなどを中心に構成されています。快く取材に応じていただいた方々、体験談を提供していただいた方々に感謝の意を述べるとともに、本書の作成に関わられた関係者各位の無事をお祈り申し上げます。




**恐怖箱 青森乃怪**

2018年11月6日 初版第1刷発行

著 高田公太
総合監修 加藤 一

装丁 橋元浩明（sowhat.Inc）
発行人 後藤明信
発行所 株式会社 竹書房
〒102-0072 東京都千代田区飯田橋2-7-3
電話 03-3264-1576（代表）
電話 03-3234-6208（編集）
http://www.takeshobo.co.jp
印刷所 中央精版印刷株式会社

定価はカバーに表示しています。
落丁・乱丁本は当社までお問い合わせ下さい。



ISBN978-4-8019-1655-5 C0176